U0007642

12種代表動物，揭開12種性格面貌

神奇的
動物系人格

心靈能量藝術家

愛莎公主
（王莎莎）

著

各界好評推薦

──────────────── ★ ────────────────

李大維（David Lee）── 哈佛大學醫學院教授

動物行為與人類行為，在心靈認知方面，有諸多雷同之處，更值得
作為人類的借鏡，以下面一個真實的小故事為證：

南非有種鸛鳥，每年春天要長途跋涉到一萬三千哩外的克羅埃西亞
去繁殖。在一九九三年的春天，有位克羅埃西亞的老漁民在捕魚
時，遇到一隻被獵人打傷的雌鸛，這位老人就將這隻受傷的鸛鳥帶
回自己家裡，並予以細心照顧，餵予魚食。

不久，這隻雌鸛完全恢復，但是一隻翅膀已無法承擔長途飛行的任
務，加上南飛過冬的時間已經錯過，這位獨居老人，只好在自己的
柴房上，搭建一個溫暖的窩，留下了這隻受傷雌鸛一起過冬。老人
與雌鸛也產生了相互依賴的感情，形同家人。

次年的春天很快就來臨了，有一天，老人在打漁歸來時，發現雌鸛
身旁飛來一隻雄鸛，好像是一對熱戀中的小夫妻，這種戀愛的場
景，往往觸動老人對愛妻的懷念。很快的南飛的時間就到了，終究
在最後的時間，雄鸛展翅南飛，此時雌鸛又在老人的供養下過了第
二個冬天。當春天再次降臨時，老人每天都在以盼望自己女婿回家
的心情，盼望著雄鸛回巢。有天，老人聽到鸛鳥求偶的叫聲，終於
盼到回家的雄鸛，經媒體的宣傳，每年的分離與重逢，成為克羅埃
西亞全國大事，舉國慶祝每年重逢的日子，經歷十七年之久。

這則故事不僅讓人類學習到鸛鳥對夫妻愛情堅貞不移的精神，而在

心靈的層面，必有種無形力量在控制宇宙包括所有動物及人類。

本書作者愛莎女士，正是藉動物行為學來提醒人類如何藉此了解自己，使自己更能與大自然相處，活得更有意義。是本值得推薦的心靈創造刊物，願共勉之。

郭德綱—— 相聲表演藝術家

人對宇宙的認知是五％，所以這世間很多事情我們是不知其所以然的。如果能從另一個角度看，那其中的感覺是很美好的。有句古語說的好：「人莫心高自有生辰造化，名由天定何必巧用機關。」

張敏—— 演員、製片

人總是喜歡想的太多，讓事情變複雜，給自己上鎖，而大自然是釋放自己的鑰匙，讓靈魂與大自然碰撞，在最純淨的地方，邂逅最簡單的自己。

張太侑——《來自星星的你》導演

人性總是藏在細節裡，把握一個人物，要瞭解他內心的初衷和他想要到達的遠方，而動物系人格是在秘境中搭建的一座橋，通往人性深處。

炎亞綸—— 歌手、演員

真正的了解彼此，才是人世間最美妙的際遇。動物系人格給我們提供了這樣的機會。

金莎—— 歌手、演員

對神祕學、占星、塔羅都極有興趣的我，有幸遇見了愛莎。
這是一段無論如何都會開展的友情。
原生家庭的思想灌輸與不經意的傷害，
童年每一段清晰或模糊的際遇，
會在一個人的性格裡深入骨髓。
通過愛莎寫的十二種動物性人格測試，
更了解自己、愛惜自己。自我和解雖長路漫漫，我們至少沒有等在原地。

張炳煌—— 書法家

人不是孤立地存在，獨處時的自己和與他人產生聯繫的自己，都是每個人真實的部分，動物系人格提供給我們一種新的人格演算法。

范可欽—— 廣告大師、創意才子

如果我們更加簡單，更懂彼此，後來的我們也許會少一些遺憾。動物系人格讓我們回歸大自然的本真視角，試著理解和擁抱，願你我不再錯過。

大S—— 演員、作家

祝福愛莎公主的新書造福更多人！

作者序

與神祕學的不期而遇

我是愛莎，一直以來專注研究神祕學，包括與星座相關的占星學。說起來，我與神祕學的緣分相當奇妙，改變了我的一生。

我在高中時移民到澳洲讀書，初來乍到，需要自行辦理各種手續，人生地不熟的我，萬萬沒想到同一班公車，來回的路線竟然不一樣。我在返程時，發現車開的不是來時的路，便急忙下車找路。當時的手機還沒有現在這麼方便的 GPS 定位功能，更糟的是，我的手機竟在這個節骨眼沒電了。

當時的我有些無助、害怕，不知該如何是好。就在迷迷糊糊間，我來到了一條鄉間小路，小路的盡頭是一所別緻漂亮的房舍。天色漸晚，也為這所房屋增添了一些神祕感。我就像被人指引著一樣，順著小徑的燈光走過去，鼓起勇氣敲開了門。

來開門的是一位長者，雖然初次見面，但卻十分親切，還讓我入內打了通電話，告知自己所在的位置，叫人來接

我回去。等待的期間與她聊了很多，令我受益匪淺。雖然
那時的我還不知道她是誰，但是這段經歷，讓我深切地感
受到，也許這就是古話常說的「塞翁失馬，焉知非福」。

　　生活總會遇到各式各樣的事件，而我們也總習慣替事
物區分好壞，為它們貼上「開心」、「幸運」、「傷心」、「倒
楣」……諸如此類的標籤。經過這次事件，讓我看到，事
情的好壞有時會相互轉化，剛開始，我覺得初來澳洲就遇
到這種倒楣事，好像不是個好的開始，沒想到卻因禍得福。

　　臨走前，我請這位長者留下聯繫方式，以便日後能對
她表達謝意。不料入學後，各種雜事很多，我一時沒空打
電話給她，就這樣忙了一個月。

　　時間拖得久了，我內心倒有些猶豫，怕人家已經忘了
這件事。但猶豫過後，我還是打了電話給她。直到現在，
我還是很慶幸自己當時有這麼做，也因此抓住了這段改變
人生、改變命運的際遇。

　　我特意再次拜訪這位長者，以表感謝，才知道她就是
澳洲著名靈性大師寶兒・摩根（Val Morgan）。摩根四代
祖傳，對塔羅預測、占星術、靈數和能量學等都有非常深
的造詣。

　　如今古來稀的她，已經退隱山林。她說她知道我一定
會打這個電話。而我也因這次相遇與重逢，破例成為她的

閉門弟子。

　　人與人可能有深刻的緣分，也可能擦身而過，然而要走向哪條路，全都關乎你是否能把握得住。有時候，錯過是因為自己不經意放開了手，關閉了一扇未知的門。也許這就是所謂的「選擇勝於努力」吧。

　　至此，我也打開了這扇通往神祕學之門，與老師學習研究占星學、塔羅與靈數，而其中占星學更是日趨熱門的一門學問。「你是什麼星座？」也成為與人拉近距離的常見開場白。

　　我們平時所說的星座，指的是太陽星座，也就是你出生時太陽所在的星群，除此之外還有月亮星座、水星星座、木星星座等十二種，同樣都滿好理解的。

　　不同的行星掌握不同性格密碼。太陽星座是我們散發能量、追求理想的方式，它所關切的是未來，代表了一個人的發展方向、想要變成的狀態、人生目標和必須面對的挑戰，對探知自我與人格形成十分重要，也是最能體現每個人外在性格的星座。

　　月亮星座代表內在的心理需求，也象徵著情緒上的安全感，因此月亮的特質往往會由下意識的反應表現出來，對於了解一個人的內心有重要的作用。

南交點星座，是月亮與地球兩個軌道的交點中，月亮由北半球進入南半球的一端所落入的星座。南交點星座是人生成長的指引，也是對過去與未來經歷的重要提示。人的性格組成，有六十％是來自於太陽星座、月亮星座和南交點星座，所以這三個星座是最關鍵的。

研究星相很複雜，專業門檻較高，因此並不是每個人都能透徹地從星盤中了解自己。對星座一知半解，反而容易對自己產生誤會。大多數人並不是對天體運行那麼好奇，只是需要一種工具來了解自己和身邊的人而已。因此，我想到用回歸自然的方式來了解真實的自己。

人並非獨立存在於宇宙中，就像其他動物一樣，我們都是大自然的一部分，只不過人心更為複雜，相較之下，動物的性格就比較直觀簡單。我們也常常將自己的內心投射在動物身上，透過牠們，我們能了解更純粹的自己，於是「動物系人格」的概念就在我腦海內成型了。

我是天蠍座，有著強烈的好奇心，追求思想的深度，因此對於感興趣的事物，我會鑽研地很深，一定要探究個明白，並且希望能夠提出獨到的見解。

後來，我繼續學習有關語言藝術與心理學的課程，獲得國家認證心理諮詢師資格。經過十五年的心理諮詢經驗，以及十二星座的系統啟發，動物系人格於焉而生。我找出了十二種個性鮮明的動物，代表十二種人格特質，每個人

都可透過心理測驗來找到自己對應的動物，從而根據動物來了解自己。

天蠍帶有強大的同理心，讓我更容易理解他人，找到問題的關鍵。運用自由的思考，與用探險家的精神做事情，向來令我十分享受。

因為神祕學，我遇到過許多來找我開解的人，或因事業，或因感情，或關乎家庭。基於我的學習和閱歷，我看到十二種不同性格的人，在生活中最容易困惑、最容易產生誤解的事情，以及連他們自己都無法察覺的面向。

這催生出我整理這本書的想法，希望可以幫助更多人了解自己與他人。像《戀愛的犀牛》中的那句：「遇到愛，遇到性，都不稀罕，稀罕的是，遇到了了解。」

了解自己並不是認命，而是學會尊重接納自己，和自己和解，認清自己的優勢與劣勢，從而發揮自己的長處，彌補自己的短處，善用手頭的資源，過好自己的人生。

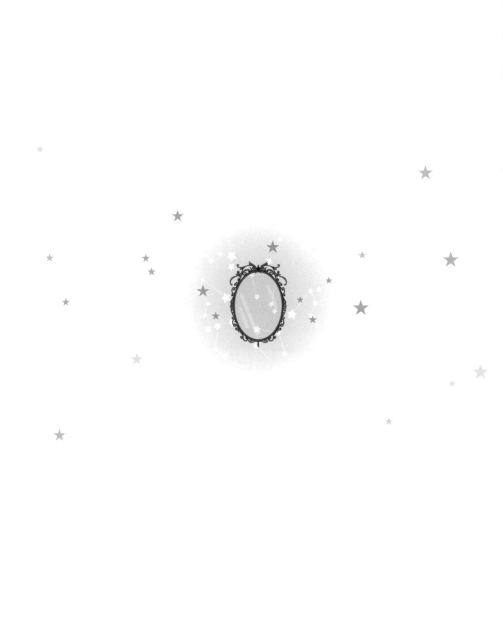

前言

★

了解自己，
是良好人際關係的基石

人類有著強烈的求知欲，渴望了解大自然，解讀這個世界，甚至窺探宇宙的奧祕，但到頭來卻發現，有時最難了解的其實是自己，還有自己所愛的人。人類需要一個媒介、一面鏡子來認識自己，而這面鏡子，就藏在與人共生的大自然中。

這是一本幫助你探索自己、了解自己的書，也是一本與成長有關、可以常伴你左右的枕邊書。本書透過原創「荒島求生」心理測驗，劃分出十二種人格，每種動物對應一種人格，引導讀者從全新的角度，重新認識真實的自己。

在我為許多人做心理諮詢的漫長過程中，確實發現，如實了解自己和他人的選擇是有實際意義的。即使同樣的行為表現，不同人格的人，背後的動機和出發點都不同，唯有認識起點，才會知道終點通往何處。神奇的動物系人格，將會引導你更深入地了解自己，同時減少對他人的誤會。

本書根據十二種不同的動物系人格，分為十二章節，每個部分包含成長篇、愛情篇與事業篇，附加動物系人格

「星晴小事」專欄。

「成長篇」指出了十二種動物系人格在童年最容易遇到的問題。大家都同意，童年對於性格的形成十分重要，當天性遇到未知的環境，如何才能避免性格走向極端，進而能夠享受美好的童年時光？一方面，媽媽們也需要多多留意這部分，才能給孩子最適合的呵護；另一方面，成年人也有必要回顧自己的童年，因為許多人格的線索都隱藏在過去。沒有過去，就沒有現在和未來。

「愛情篇」是內容最豐富的篇章，因為在愛情裡，人很容易迷失自我，忘了自己是誰，任由內心的天性作祟。我們憑直覺相擁，憑感覺相愛，不斷地卸下防備，也肆意地造成傷害。在感情中，我們有太多反應是出於本能，因此需要適時跳脫出來，看看別人的故事，也等於換個角度看自己的故事。如此一來便能知己知彼，更好地相愛。

「事業篇」中對人格的描述，相較之下較好掌握，但我們在面對工作時，依然會感到無力和無助。大多數人和同事在一起的時間，比家人都還要長，所以如何與同事相處，對生活品質來說也很重要。只要你試著了解對方、了解自己，也許就會發現，其實職場生活也沒有你想像的那麼困難。

在每個章節的最後，我為大家附上了動物系人格星晴小事專欄。你的心情或許有時陰、有時晴，但能夠以這本書陪伴你，是我的榮幸。

Contents

神奇的動物系人格測試

━━━━━━━━━ ★ ━━━━━━━━━

　　每個選擇，都決定了我們的人生軌跡，而「性格」又影響著我們的每一個選擇，在選擇面前，我們才能更加看清自己，了解我們的根源特質。本測試假設的經典場景，可以反映出測試者內心的想法，找到代表自己的動物系人格。

　　荒島求生心理測驗是基於大五人格理論、氣質類型測試量表以及「積極心理學之父」馬丁・塞利格曼（Martin Seligman）在《持續的幸福》中提出的 PERMA 理論研究出的新的動物系人格演算法。

荒島求生測驗（請憑第一直覺作答）

　　你隨著一艘因故障而擱淺的郵輪來到一個荒無人煙的小島，船上有你的好友、家人，以及一些陌生人，開始了一場荒島求生之旅……

1　上島後，遇到了分岔路口，第一條路陽光充足，走起來比較不害怕；第二條路有一個湖泊，保證

有充足的水源；第三條路比較暗，但直覺告訴你，這裡有關鍵資訊；第四條路，有許多人為邏輯性引導標記。你會選擇走哪條路？

A 第一條路，對我來説內心的感受很重要。 ▶移至第2題

B 第二條路，乾淨的水源是生存的必備條件。 ▶移至第3題

C 第三條路，我相信自己的直覺。 ▶移至第4題

D 第四條路，我依賴邏輯的思考方式。 ▶移至第5題

2 | 你認為自己選擇的路是正確的，會強勢地要求好友與自己選擇同一條路嗎？

A 是的，我平時就比較強勢。 ▶狐狸：睿智神祕型（詳見P.165）

B 不是。 ▶移至第6題

3 | 對於清澈的湖水，你會堅持在飲用前再過濾一下嗎？

A 是的。 ▶獨角獸：完美細緻型（詳見P.123）

B 荒島求生不易，顧不了這些細節。 ▶移至第7題

4 | 與你選擇同一條路的人組成了一個求生小隊，你希望自己成為隊長嗎？

A 是的，我習慣當領導者。 ▶獅子：霸氣領袖型（詳見P.101）

B 不是，我很少有當領導的衝動。 ▶移至第8題

5

荒島荒無人煙,尋找逃離方法的行動也陷入停滯狀態,你會享受即將到來的獨處時光嗎?

A 是的,平時的我也需要一定的獨處時間與空間。
▶貓頭鷹:博愛鬼馬型(詳見P.231)

B 不是,我更希望與其他人在一起,不喜歡獨處。▶移至第9題

6

在荒島的這段時間,竟然遇到情投意合的另一半,但是父母卻不同意你們交往,你會怎麼想?

A 家人的意見很重要。▶小鹿:體貼居家型(詳見P.083)

B 愛情是兩個人的事,彼此相愛最重要。
▶海豚:浪漫夢幻型(詳見P.251)

7

你在荒島上與他人相處,會是一個慢熱的人嗎?

A 是的,只有少數人能感受到我的熱情。
▶熊貓:外冷內熱型(詳見P.209)

B 不是,我很容易掏心掏肺。▶大象:穩重現實型(詳見P.041)

8

在荒島上,你被要求許多限制,例如不可單獨行動等,你是否十分抵觸他人對自己的行為限制?

A 是的,我平時就不喜歡別人管我。▶火烈鳥:自由冒險型(詳見P.189)

B 還好。▶汪星人:熱情積極型(詳見P.021)

9 　在荒島的群體生活中，難免會發生許多爭吵與矛盾。化解矛盾，保持人際關係的平衡，對你來說十分重要？

A 是的，我希望人們之間的相處和諧。
　▶喵星人：平衡社交型（詳見P.143）

B 還好。▶松鼠：靈敏多變型（詳見P.061）

〈神奇的動物系人格〉

熱情積極型

★

汪星人

成長篇

　　<u>汪星人系的寶寶從小就充滿活力，每天都有飽滿的熱情，從小就擁有一顆爭當「領導」的心。</u>如果說這位叫做洋洋的小朋友爭強好勝的話，那的確是當仁不讓，非他莫屬。

　　還在上幼稚園的洋洋，每天和爸爸媽媽散步都會路過一個小學，隔著柵欄，會看到操場上的小朋友。每次走到這裡，洋洋都會扶著欄杆看操場裡的小朋友玩耍。這天，學校的小朋友們都在操場做操。

　　媽媽指著前面帶操的小朋友，低頭說：「洋洋，你看前面那個姊姊做得多好！」

　　洋洋抬頭：「嗯，做得真好，可是，為什麼做得那麼好還會被罰站呢？」

　　媽媽笑了：「他不是被罰站，那個小朋友做得好，所以老師讓他在前面帶領大家做，後面的小朋友可以向他學習呢！」

　　洋洋恍然大悟：「哇，媽媽，以後我上學了，我也要站在那裡帶領大家做操！」

　　媽媽：「那洋洋要用功一點囉，要做得比別的小朋友好才行！」

　　洋洋用力地點頭，繼續目不轉睛地看著小朋友們做操。

　　回到家以後，洋洋想學那些小朋友做操，伸伸胳膊、伸

伸腿，再抓抓腦袋，但卻完全記不住那些動作。於是著急地跑去找媽媽：「媽媽，我不記得那些小朋友是怎麼做操了，以後我們每天都去看小朋友做操好嗎？」

洋洋很好學，為了當上小「領導」，早早做足了準備。

媽媽摸摸洋洋的頭說：「好啊，以後媽媽天天帶你去，你可以跟著小朋友一起做！」於是，每天洋洋都準時出現在學校外，跟著小朋友一起做操，學得特別認真。

連學校裡的老師都已經認識洋洋了，老師還經常走到欄杆附近看洋洋做操，洋洋一臉認真地跟老師說：「老師，我以後上學了，也要在前面帶操！」

老師看著洋洋：「小朋友你太棒了，做得真好，將來一定能帶操！」

洋洋「先下手為強」，早早就向老師表明自己的「實力」，爭當領導者。

很快，洋洋也該上學了，入學第一天，洋洋就自告奮勇跟老師說想帶操。

老師：「洋洋，你真勇敢！不過，我們一定要先學會，才能領其他小朋友做操呀！」

洋洋驕傲的說：「老師，我早就學會了！」

老師驚訝地看著洋洋：「洋洋這麼厲害呀，那明天我們做操的時候，洋洋可要做給大家看看哦！」

洋洋胸有成竹的答應了：「放心吧老師，我們打勾勾，我要是會做，就讓我帶操好嗎？」老師笑著答應了。

第二天，小朋友們都聚在室外準備做操，老師和洋洋一起先做了一遍給大家看。看到洋洋做得這麼好，小朋友們都

羨慕地鼓掌稱讚，洋洋也高興極了，並且成功當上領操的同學。

放學以後，洋洋把這個好消息告訴爸爸媽媽。爸爸媽媽也高興地鼓勵洋洋。

爸爸：「洋洋，你真棒，說到做到！不過，我們能做運動小能手，知識也不能落後呀！而且洋洋現在上學了，有很多小夥伴，也要學會和大家交朋友，互相幫助喔！」

洋洋聽著點頭答應。

<u>洋洋總是很努力，希望在每方面都能做到最好。</u>

從此以後，洋洋每天上課更加認真聽講和思考。

一天課堂上，老師：「小朋友們，今天老師要考考大家，出幾道難一點的加法題，請小朋友到前面來作答，想做示範的舉手讓老師看看哦。」

大家安靜地面面相覷，這時，洋洋高高地舉起了手，於是被老師叫到黑板前作答，洋洋答得特別快，而且全都正確無誤。

回到座位上，洋洋看到同桌的球球好像不太開心，便問道：「球球你怎麼了呀？」

球球沮喪地說：「洋洋，剛剛老師出的題，我只算對了一道……」

洋洋抱了抱球球，像個小大人一樣：「沒關係，我教你吧，咱們一起完成！」

於是，下課的時候，洋洋和球球一起掰著手指做算術，雖然洋洋有點心急求成，但好在球球不急不躁，兩個人終於都答對了，不禁相視而笑。

　　<u>洋洋具有「領導者」的天分，主動組織紀律和幫助大家，他的領導力也能感染他人，讓大家對他順服。</u>

　　有一天下大雨，老師不巧遇到了堵車，沒能準時來到教室。小朋友們到了班級，看到彼此濕漉漉的頭髮，雨傘也在滴水，都覺得特別好玩，於是，教室像開了鍋一樣吵鬧。

　　這時，洋洋走到教室前，大聲對大家說：「小夥伴們安靜，我們這樣吵，老師知道了會難過的，我們得安靜地等老師來！」

　　大家真的安靜了下來，說罷，洋洋拿起一塊抹布，幫小朋友擦乾淨桌子上的雨水，還把小朋友們滴著水的雨傘收集到一個桶子裡，然後回到座位坐下，一起等老師來。

　　過了一會，老師來到教室，向小朋友們表示遲到的歉意，還誇大家表現得好，安靜地等老師。這時，大家紛紛向老師報告洋洋剛剛幫忙管秩序、為大家擦雨水、收雨傘的事情。

　　老師聽後豎起大拇指，獎勵了洋洋一朵大大的紅花。

　　老師：「小朋友們，我們上學已經有一段時間了，老師覺得我們應該選出一個班長，來當老師的小助手，當大家的學習模範，怎麼樣？大家覺得誰最適合呢？」

　　小朋友們紛紛指向洋洋並喊出他的名字，老師也非常滿意，於是，洋洋就成為小朋友們的班長。

　　洋洋開心得不得了，回家又得意地向爸爸媽媽報告這個好消息，還說：「以後我還要繼續當班長！」

　　<u>洋洋享受當「領導者」的感覺，也越來越適應這種角色。</u>

　　成為班長的洋洋，充滿了責任感與使命感，像個小大人一樣，幫助老師管理班級，但面對一些不服管教的小朋友，

洋洋試圖用班長的身分去命令、壓制對方,卻沒有達到預想中的效果,反而和同學起了爭執。洋洋不斷強調自己有權管人,還沒有搞清楚什麼情況,就衝動地指責同學,沒想到問題不但沒解決,還激化了同學之間的衝突。

事後,老師告訴洋洋,當班長是一份責任,也是對自己的一份要求,不可以衝動地去指責、評判他人,應該要幫大家協調,化解誤會。

洋洋也意識到,自己的衝動並沒有幫到任何人,因此,他跑去向同學道歉,承認自己錯怪了他,還耐心地解釋,化解了這場矛盾,此後,同學們也更加信服這位班長。

洋洋這種衝動的性格,會使他在處理某些問題上容易遇到挫折。因此家長可以用遊戲的方式,教他們學習換位思考,同時也要訓練他們的耐性,讓他們懂得等待的意義。

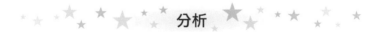

分析

熱情積極型的人，自小就喜歡當領導者，在玩伴之間，也總是最積極、衝最前面的那個。而這類人具有得天獨厚的開創性、獨立性和上進心，的確也具備當領導者的條件。

進入校園後，這項特質會更加明顯。他們上課積極發言，熱情參與各種活動，競選班幹部當然更加積極，此時若得到家長與老師的鼓勵，熱情積極型的寶寶們就會有更出色的表現。

熱情積極型人，天生就喜歡搶先和競爭，心中有充沛的野性需要釋放，是最不需要精養的孩子，因此宜多給這類型寶寶表現的機會，不要壓制他的競爭心和好奇心。只要不牽涉到原則問題，就可以放手，讓他們自己去探索、犯錯，進而成長。

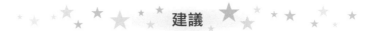

建議

熱情積極型的小朋友會比較自我，不太考慮別人的感受，缺少「換位思考」的精神，容易與小朋友發生衝突。

再加上熱情積極型人本身具有對抗性，如果父母強行壓制他，就會更加生氣，憤怒的情緒更為高漲。

所以，要培養一個有耐心，能夠理解他人的熱情積極

型人，就格外需要父母先換位思考，在生活中潛移默化地引導他。

　　另外，除了衝動、自我、急躁之外，熱情積極型人也容易三分鐘熱度，所以父母也需要告訴他們「堅持到底才是勝利」的道理。有了父母的愛和理解，這朵小火花會更努力地發光發熱。

　　面對這類小朋友，家長可以通過以下方式幫助孩子：

一、當熱情積極型人闖禍，與他人發生衝突時，父母先不要暴怒，要讓自己冷靜下來，詢問事情的前因後果，再讓他想一想：「在那樣的情境下，如果他是對方，會不會生氣？」或者是藉由角色扮演的遊戲，讓熱情積極型人試著體會對方的感受，而不是急著教訓他。

二、讓孩子多聽一些舒緩的音樂，有利於平撫他們的情緒。

三、孩子在煩躁易怒時，可以讓他吹爆氣球，來幫助他釋放負面情緒。

愛情篇

　　<u>熱情積極型人，在愛情中常常表現地很直接，包括表達愛意以及宣洩情緒的方式，因此難免會引起爭吵。</u>白楊就是典型的這類人。

　　她叫白楊，是熱情積極型人，父母替她取這個名字，是希望她像白楊一樣挺拔穩重，然而其實她的內心熱情似火，脾氣火爆起來，大概能點燃一片森林，在愛情中也是如此。不，應該說，她在愛情中更是如此。

　　白楊的愛情開始得早，最初吸引她的，是一個與她同樣活力四射，熱愛運動的男孩。

　　他叫小烈，身高一八八，是校籃球隊主力前鋒，外型非常陽光，身上散發的氣質完全符合白楊當時著迷的漫畫人物——《灌籃高手》裡的流川楓。

　　高二那年，兩個人還不相識，每天課間操的時間，小烈的籃球隊會在球館裡練球。

　　有一次，白楊和朋友偷偷跑到小吃部買零食，吃飽喝足後還有些時間，兩人就在學校裡閒逛。聽到籃球館傳來的聲音後，白楊就拉著閨蜜嚷嚷著要進去看帥哥。

　　雖然兩人嘴上說想去養養眼，但畢竟自己學校男生的品質她們太清楚了，閨蜜是平衡社交型女孩，早就偷偷給他們打過分數。

可能是小說、動畫片看太多，那些文字與畫面的美好描述，使白楊對「帥哥」的標準也如閨蜜一樣嚴苛，至今仍未發現有九十分以上的男孩。

　　也許是因為這樣，白楊從沒想過自己會在高中遇到喜歡的人。她以為她喜歡的「流川楓」不會在現實中出現，但就在這一天，白楊感受到什麼叫「一見鍾情」。

　　雖然一八八公分很高，但在籃球隊中並不算顯眼，然而白楊還是一進球館就注意到了小烈，因為他有著日本漫畫中男主角的斜瀏海，打球時候跑起來一甩一甩，酷酷的，長相說不上很好看，眼睛不大，臉部輪廓倒是滿深的。

　　白楊覺得好像在校園裡偶遇過這人，不過沒有太深的印象。但在球場上，小烈在白楊眼裡是那麼耀眼，白楊也意識到，自己大概是喜歡上他了。

　　雖然在高中這算早戀，可她不想單戀，也不願暗戀。按照白楊的衝動性格，能在球館等到小烈訓練完出來，這已經是十分克制了。

　　「同學你好，我們可以認識一下嗎？」這開場白便是兩人相識的開始。

　　也是從這一天開始，白楊總是會趁下課繞到球場轉一圈，雖然小烈並沒怎麼回應，但白楊卻樂在其中。

　　女孩子總是會研究心上人的性格類型，她輾轉打聽到小烈是霸氣領袖型，便到處收集霸氣領袖型男生的資訊，最愛看那些說熱情積極型與霸氣領袖型般配的內容。兩個人話還沒說上幾句，白楊就已經做足了功課，覺得自己對小烈了若指掌。

無奈白楊的熱情總是得不到回應，小烈每次都客氣地謝謝她為他買水，客氣地向她打招呼，卻始終有著距離感。

　　「不是說霸氣領袖型的男生都是霸道總裁嗎？」一直自信的白楊覺得有些受冷落。雖然是自己先喜歡人家，但起碼自己是女生，還這麼主動，好歹給點回饋吧。

　　就這樣又過了一星期，為了拉近與小烈的距離，白楊還買了不少 NBA 雜誌，希望能多創造兩人共同的話題。熱情積極型人的熱情來得快，去得也快，白楊看著看著又迷上了艾弗森，對小烈倒沒那麼熱情了。

　　兩人雖然慢慢熟絡，網路上閒聊時也總會鬥幾句嘴，但隨著大考接近，卻自然而然地朝著朋友的方向發展，成為「戀人」這件事越來越無望。白楊還是覺得小烈在球場上特別帥，但是之前的心動與衝動已經不知道上哪兒去了。

　　日子恢復了平靜，時間也過得飛快。大考結束後，小烈開始主動約白楊去爬山、閒逛，聊天也越來越頻繁，還問白楊想要去哪個城市讀大學。兩個人聊過去、聊未來，漸漸成為無話不談的朋友。

　　這段時間，兩個人彼此吸引，距離越來越近，似乎當初對小烈的那份熱情又回來了，不斷升溫的友誼似乎有了變化。在即將填志願表時，白楊忍不住問小烈想去哪裡就讀。她想離小烈近一點，恨不得現在就跟小烈告白。但因為之前的主動沒得到小烈的回應，使得白楊這次有些猶豫。

　　出乎預料的是，小烈竟回覆她說：「我想去妳在的那個城市。」

　　白楊看著這行字，開心地在床上打滾，馬上打電話告訴

自己的閨蜜：「我是不是要戀愛啦？他這算不算表白？」雖然這時的白楊根本沒聽進去閨蜜在說什麼，自己咯咯地笑。

想起還沒回小烈訊息，白楊著急地掛了閨蜜的電話。

依然小鹿亂撞的白楊，想聽到更明確的答案，便回覆道：「這是在表白嗎？」然後繼續在床上打滾，焦急地等待訊息。

「不然呢？咱倆的分數差不多，在同個城市應該沒問題。」就這樣，傻白甜小綿羊和霸道總裁開始了一段火熱甜蜜的愛情。

白楊進入一所外語院校學習，而小烈則就讀於白楊學校附近的一所理工科院校。兩所學校隔著兩條街，也經常有一些聯誼活動。進入大學的兩個人，漸漸融入了新鮮的校園生活，也迎來了在一起的一百天紀念日，但這一百天之內，兩個人大概有一半的時間都在吵架。兩人性格都很直接，遇到問題都是硬碰硬，誰也不讓誰，當初愛情的火苗一點就著，現在兩人的脾氣也是一點就著。

白楊基本上是腦子跟嘴同步，想到什麼就說什麼，而且生起氣來不管不顧，也不理會小烈的朋友是否在場。她曾經著迷於小烈在球場奔跑的樣子，現在卻覺得每次小烈打球，自己只能在一邊枯等，實在很無聊。

雖然白楊總是先發火的那個，但好在很好哄，有時吵完，自己痛快了也就不再計較。但是小烈卻常被白楊搞得一頭霧水，每次都得主動認錯，尤其是白楊在自己朋友面前吵鬧的時候，讓小烈覺得很沒面子。

兩個人吵吵鬧鬧也相處了一年，就在周年紀念日的前一天，白楊因為小烈玩手遊，沒有即時回覆自己的訊息，便一

通電話過去質問小烈：「到底遊戲重要還是我重要？」

　　這通電話像是壓死駱駝的最後一根稻草，小烈再也無法忍受了。他不知道這段感情該怎麼發展下去，只好對白楊說：「這個問題，從我上大學第一次跟室友打遊戲妳就問過我，一年了，我回答過無數遍，妳也因為這件事和我吵了無數遍。我每次都會提前跟妳說我要玩多久，而且也都準時結束遊戲，來陪妳聊天，妳一定要每次都為了這幾分鐘的事情，跟我吵個沒完沒了嗎？妳生氣就吵個不停，不開心也拿我發洩，而且無論對錯，都一定要我主動認錯。妳吵完是高興了，但妳有沒有想過我？妳在我朋友面前說爆發就爆發，他們會怎麼看我？現在吵架好像變成我們之間唯一的溝通方式。我吵累了，白楊，結束吧！」

　　白楊聽著電話那頭「嘟嘟」的掛斷聲愣住了，她其實也沒那麼生氣，只是習慣用這種表達方式。回想小烈的話，對方好像真的有直接或委婉地提醒過自己，可是自己聽完就忘了，脾氣上來就一發不可收拾，根本什麼也管不了。

　　她知道她愛小烈，並且依賴小烈，她覺得愛情就是要展現真實的自己，卻忘了愛情也需要讓對方看到更好的自己。

　　她忘了當初去看對方的性格分析、看籃球雜誌，只為更了解小烈的那個自己。她後悔了，後悔這一年自己衝動了太多次，吵鬧了太多次，直到一切都無法挽回，才回過神來。

　　小烈一直寵著她，但自己竟真的沉浸在自己傻羊的世界中，讓這段感情燃燒殆盡。

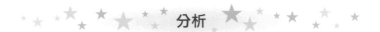

分析

白楊是一個典型的熱情積極型人，熱情、直接，遇到愛情時不會畏畏縮縮，總是能點燃激情，也不喜歡拖泥帶水的人。

這類人一見鍾情的機率較高，她們容易被外表或外在的形象所吸引，所以她們喜歡的類型都很一致。

就像白楊喜歡流川楓，就對酷似流川楓的小烈一見傾心，並且衝動直接，喜歡了就主動去認識、聯繫，創造偶遇的機會。

然而熱情積極型人，熱情來得快去得也快，如果對方沒有明確回應，小火苗可能就很快滅了。一旦熱情被點燃，熱情積極型人就會迅速墜入愛河。

在愛情中，熱情積極型人總會因脾氣火爆而激化彼此的矛盾。就像白楊與小烈的感情一樣，小烈一直刻意包容白楊，也直接或間接地跟白楊說過這個問題，但是白楊並沒有聽進去，因為她當下生氣就是真的生氣，很難控制，但是氣過就沒事了，也並不覺得有什麼大不了，而且理所當然地認為別人也和她一樣。她忽視了對方內心的感受，導致最後分手收場。

說起來，兩人之間並沒有遇到什麼特別嚴重的問題，

但是又有多少情侶是因爲大的原則性問題分手呢？大多都是因爲一些小事，不斷累積，成爲了彼此「不合適」的源頭。

建議

身爲熱情積極型人，首先要意識到，自己的熱情直接，後續可能會產生一些副作用。熱情直接只是一種特質，不是缺點，但這種特質卻可能會引發一連串的問題，因此要學會發揮這項特質的積極作用，避免它所帶來的負面影響。

明知自己會衝動，就要強迫自己，在行動前先理性思考，再付諸於行動。同時，要認清自己有「三分鐘熱度」的毛病，放棄前，先想想自己當初爲什麼會做這個選擇，不妨再堅持一下。

與伴侶的溝通方式一定要注意，沒有天生適合的兩個人。彼此的相處與溝通方式，唯有兩個人在交往中不斷磨合，才能越來越順利。熱情積極型人的脾氣火爆，不僅要讓對方理解，自己也應該調整。你可以選擇我行我素做自己，但你確定對方可以包容你一輩子嗎？讓自己變得更好吧，由自己做起總是比較究竟的方式。

如果是熱情積極型人的伴侶，相信你一定被他們的積極樂觀所感染，但你也得學會，如何讓熱情積極型人的火苗燃燒得更久。

在溝通上，你要引導熱情積極型人去改變。首先，在矛盾產生時，不要激化這個矛盾，先順著對方的話說，緩和他的情緒，然後再說出自己的想法。或是在他發脾氣前就結束談話，等兩個人都冷靜下來後再做溝通。

同時，在對方情緒和緩後，要讓他明白你的感受，或與對方約法三章，例如不要因為一些小事爭吵，也不要動不動就撂狠話。總之，在爆發前要轉移他的注意力，減少正面衝突，改變彼此的溝通習慣。

事業篇

熱情積極型人在職場上有著積極的態度，這為他們加了不少分，小白就是這樣的人。

小白在大學時，就一直對實習招聘的資訊保持關注，無論各種招聘團隊都積極加入，也把已經出社會工作的學長姊提前加為好友。雖然還沒進入實習階段，但熱情積極型人總是會把握機會。

在校內，小白一直以來都對學生事務很積極，學習的態度也相當認真，會在心裡默默與比自己優秀的人較勁，凡事都想爭第一。同時他也最不喜歡做像是把文字附製貼上等這類千篇一律的工作。

某次，老師要小白負責填寫整理各班的資訊表，雖然很簡單，但可把小白愁壞了。小白打從心底拒絕那些一板一眼的工作，而是比較喜歡有挑戰的職位，這也是小白找工作的方向之一。雖然當時對自己想做什麼樣的工作還說不上很清楚，但是那種一成不變的工作，他是完全不考慮的。那些別人渴望的穩定工作，他並不覺得有什麼好，只覺得無聊。自己才剛剛出社會，立刻找一份養老的工作可就太沒意思了。

想到要離開校園，小白有些興奮，蒐集了大量資料，對自己也是信心滿滿。他靠著自己的積極進取，找到了一家創意工作室，雖與自己的本科專業沒有直接相關，但好在自己平

時愛刷社群網站、愛看網路影片的嗜好，給了自己很多靈感。

　　小團隊的分工並不會很機械化，這讓小白覺得很新鮮，每天工作都充滿活力。但因為自己是直腸子，也不太注重溝通方式，因此與同事之間有時會不太愉快。不過長期相處下來，也慢慢交到了一些好朋友。

　　三個月的試用期很快就到了，在這段時間，小白漸漸知道自己到底想要什麼，也找到了自己的方向。她喜歡這家實習公司，並且想要留下來轉正職。得知上司對自己的表現滿意，轉正有望，小白便迫不及待打電話跟父母報告這個消息。

　　然而，母親卻更希望他能去考公務員，回到家鄉工作。生活上若有什麼困難，家裡還能幫忙照應，總好過自己一個人在外打拚。不過小白卻一直很排斥家裡對自己的安排。體制內的工作雖安穩，但少不了人情世故，這些對小白來說並沒什麼吸引力。

　　小白內心明白，父母會這麼擔心，也是出自於對自己的愛。他跟媽媽描述了自己最近的工作狀況。雖然是個實習生，但是與同事們共同完成的作品、一起激盪出的創意，都讓小白特別有成就感，這是自己以前從未有過的經驗。這次他真的知道自己想要的是什麼了。

　　聽完這些，媽媽沉默了一會兒，說：「想做就去做吧，累了就回來。」

　　後來小白順利留在自己喜歡的公司，做自己喜歡的工作，不過他依然不斷開拓新的領域，希望能開發自己更多可能性。

　　小白一直走在探索自己的路上，並且將一直往前邁進。

分析

　　熱情積極型的人愛恨分明、嫉惡如仇，討厭一切陰暗的事情，對辦公室政治也很感冒，所以對於體制內的工作總覺得束手束腳，直來直往的性格也容易被人利用。

　　熱情積極型人，在事業上喜歡追求挑戰，不會滿足於安穩，尤其是在年輕的時候，願意充當一個好戰、好征服的角色。這也會讓熱情積極型人在事業上具有一定攻擊性，有時候好鬥的勁頭一上來，就顧不得別人，不達目的不甘休，無法設身處地替人著想。

　　剛畢業時，原本有更安穩的路，但卻對小白毫無吸引力。因為具有創造力的熱情積極型人，追求速度與刺激，活力無限，總想跳出眼前的世界，拚搏出另一片天地。

　　小白有著熱情積極型人的熱烈大膽，自己的想法也不會隱藏，因此容易得到家人朋友的支持，但是在工作中與同事相處，這樣的方式有時卻會引發一些衝突。

　　這類人通常需要透過工作慢慢磨練自己的性格和脾氣，使自己變得更容易跟人合作，以獲得更多的發展機會。

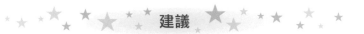

建議

熱情積極型的人有點英雄主義，適合做可以獨當一面的工作。這類人喜歡體驗領先的優越感，做事總是衝在最前面，行動迅速，遇到危機也常會主動出面化解。

不過，他們有時抗壓性不夠，需要在一個能夠激發鬥志的環境中工作。這類人最好選擇去一些彈性較大，有更大發展空間的單位，而不是工作內容沉悶無聊的職位。

雖然他們個性喜愛張揚、冒險，但要注意風險管控，切記不可太過衝動。與團隊相處時，也要適時圓滑一些，注意溝通方式，發揮優勢，規避衝突，以提高效率。

熱情積極型人的星晴小事

打動熱情積極型人的小事：
他願意在我情緒最差的時候陪我說話，即使我知道那時的我一點也不可愛，而且負能量爆棚。

讓熱情積極型人感到幸福的小事：
陰雨連綿了幾天，終於出了太陽。

讓熱情積極型人死心的小事：
情人拒絕把自己介紹給朋友家人，拒絕在街上擁抱。

〈神奇的動物系人格〉

穩重現實型

★

大象

成長篇

　　<u>大象系寶寶對於物質有較強的敏感度，因為這是他們獲得安全感最直接的方式，這種占有欲一旦發展過頭，或是被剝奪，都會對他們產生極大的影響。</u>妞妞就是這樣一個穩重現實型寶寶。

　　過年了，妞妞在走訪親戚拜年時，賺到好多壓歲錢，回到家後，媽媽說：「妞妞，數數妳收到多少壓歲錢，媽媽幫妳存起來！」

　　妞妞從自己的包包裡拿出了壓歲錢，和媽媽一起數了起來。妞妞看媽媽要把錢收起來了，急忙說：「媽媽，妳會幫我存在哪個銀行？」

　　媽媽說：「媽媽先存在我的戶頭，媽媽都給妳記著呢。」

　　妞妞仔細琢磨著，然後對媽媽說：「媽媽，明天去銀行給我辦張卡吧，存在我的戶頭。」

　　妞妞媽媽笑了：「妞妞，妳還太小，銀行不會給妳開戶的，媽媽存著，不會動的。」

　　看著妞妞懷疑的眼神，媽媽想了個辦法，媽媽拿來了幾個小卡片，對妞妞說：「妞妞，我們先拿這些小紙片當妳的錢吧，每個卡片上你都寫個 100，然後放在你的存錢筒裡，以後你就拿這些卡片跟媽媽換你的壓歲錢。」

　　妞妞聽了開心了：「好哇，媽媽真聰明！」

　　妞妞很有理財的觀念，可是卻不願意動用自己的小金庫。媽媽的教導讓她意識到，有些事情要自己付出才有誠意。

　　一天，媽媽對妞妞說：「妞妞，爸爸下禮拜過生日，妳要不要送爸爸一個禮物呀？」

　　妞妞說：「好呀，要送什麼呢？」

　　媽媽說：「妳想想吧。」

　　妞妞：「媽媽，我可以花多少錢？」

　　媽媽想了想：「妞妞想花多少錢都可以，拿出妳的小金庫，自己買！」

　　妞妞驚訝：「要花我的錢嗎？」

　　媽媽：「當然啦，那才有誠意呢，如果媽媽買，那就是媽媽送爸爸的禮物啦。」

　　妞妞只好答應了：「哦，好吧。」

　　媽媽：「爸爸的刮鬍刀壞了，妞妞給爸爸買一個新的刮鬍刀吧。」

　　妞妞答應了，然後從自己的存錢罐裡拿出兩張卡片遞給媽媽，第二天和媽媽一起去買了一個刮鬍刀。

　　面對妞妞超出約定的需求時，媽媽讓她知道，想要更多，就得付出更多。

　　逛街的時候，路過玩具店，妞妞看得入神了，裡面有好多新奇的玩具，妞妞指著一個變形機器人說：「媽媽，我想要這個！」

　　媽媽：「妞妞，家裡的玩具太多了，妳也有好多好多機器人，不要再買了。」

　　妞妞：「媽媽，這個是新的機器人，我沒有，我想要一個。」

看著妞妞渴望的眼神，媽媽説：「妞妞很喜歡嗎？」

妞妞使勁兒地點頭。媽媽説：「這個月媽媽給你買過玩具了，我們不是説好了不隨便買玩具了嗎？現在妳想買這個機器人，就用自己的錢吧。」

妞妞看著機器人，想了半天，終於答應了媽媽，於是預支了自己的小金庫，買下了心愛的機器人。

<u>妞妞不願意讓別人玩自己的玩具，媽媽教導妞妞要懂得分享，分享會帶來更多快樂。</u>

回到家，妞妞便開始玩機器人，喜歡得不得了。這時，門鈴響了，妞妞的姑姑帶著妞妞的小哥哥來他們家玩。小哥哥比妞妞大一歲，也非常喜歡機器人，小哥哥看到妞妞在玩機器人，也非常喜歡，便想和妞妞一起玩，可是妞妞把新機器人藏在身後，只讓哥哥玩那些舊玩具，看到哥哥還是來爭搶妞妞的新機器人，他便拿著機器人到臥室裡藏起來了。媽媽看到妞妞去藏機器人，便跟了過來。

媽媽説：「妞妞，妳把機器人藏起來幹嘛？怎麼不玩呢？」

妞妞：：「這是我買的機器人，只能我自己玩，不能讓別人碰！」

媽媽：：「妞妞，玩具買來就是要玩的，大家一起玩才高興呀，而且是妞妞自己花錢買的，不是更應該拿出來分享，讓大家一起開心嗎？」

妞妞覺得媽媽的話有道理，又把玩具拿了出來，來到哥哥身邊説：「哥哥，這是我自己買的機器人，我們一起玩吧！」

於是，妞妞和哥哥一起開心地玩了起來。

分析

穩重現實型的孩子通常是慢性子，容易產生惰性，但他們其實也是有野心、求上進的。

這類人的自我意識比較強，對屬於自己的東西有很強的占有欲。像妞妞就認為自己的玩具是屬於自己的，應該自己支配。對金錢也是一樣，穩重現實型的寶寶，這種對物質的敏感，有助於保障他們的自我，帶來安全感。但是要小心引導他們，避免他們變得過分自私。

小時候，這種物質上的安全感會影響穩重現實型人長大後的性格，如果硬是要改變他們，會使這類人走向極端，使他們的占有欲更加強烈。

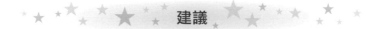

建議

穩重現實型的小朋友有理財意識和能力，但是他們對於自己財務的保護往往讓他們缺少分享的意識，父母應該多加引導，而不是強硬的指責。如此一來，便能讓他們懂得分享，意識到分享帶來的喜悅。

穩重現實型寶寶也屬於比較好帶的孩子，特別是在小的時候，只要吃飽喝足了，手上又有自己喜歡的玩具，就不會亂哭亂鬧。

　　而且，他們雖然占有欲強，但虛榮心並不強，所以喜歡的玩具通常都很普通，不是很貴或很奢華的那種，所以相對來說物質層面比較好滿足。

　　另外，穩重現實型的孩子也會有點倔強，不聽勸，只要提到他想做的事情，不管看起來多麼荒誕，都很難一一羅列理由讓他放棄。在這個時候，聰明的辦法不是跟他爭高下，而是尊重他自己的做事節奏，讓他自己發現什麼是對，什麼是錯。不過在兒時，父母還是需要花費一些時間去處理有關占有欲的問題，要讓他們明確知道以下幾點：

一、想要的東西應該憑自己的努力去換取，並不是所有要求，爸爸媽媽都會無條件滿足。父母可以透過積分的方式來獎勵，比如幫媽媽做家事可以得到一分，彈琴彈得好可以得一分，積滿十分則可以換自己想要的玩具。

二、父母也要尊重他對於玩具的占有權，如果他不想要和其他小朋友分享，就不能強迫他，因為只有當他的所有權得到尊重時，他才會尊重別人的所有權。

三、培養他的理財意識和能力，讓他知道只有當「所有物流動起來」的時候，才可以變得越來越多，這可以改變他的固有思想，讓他意識到與他人分享的快樂。

愛情篇

　　<u>穩重現實型人在感情裡追求穩定與踏實，以細水長流型的感情經歷居多，雖然有時顯得有些沉悶，很少有轟轟烈烈的情節，但安穩就是他們幸福感的來源。</u>

　　金寧就是個典型的大象系人。

　　金寧從小就是個財迷，雖然自認為自己是會過日子的類型，但是周遭的朋友總是會調侃自己小氣。金寧對此並不以為意，她覺得是自己的就應該是自己的，假大方有什麼意思。不過，對每天跟自己黏在一起的靜靜，金寧就經常會請她吃零食，而且還是自己很愛的那種。這可是金寧表達友誼的最大誠意。

　　靜靜是金寧的大學室友，兩個人剛認識就因為共同的嗜好聊個不停，緊接著的新生訓練，兩個人又形影不離，成了無話不談的閨蜜。

　　金寧每天都和靜靜黏在一起，因為靜靜是金寧大學時期最好的朋友。靜靜性格外向開朗，有許多朋友，有時因為和別人有約，無法陪金寧吃飯、逛街、看電影，害金寧總是有些失落，甚至有些生氣。

　　不過一次朋友聚會中認識的魏龍，分散了金寧的注意力。

　　那次聚會大多是靜靜認識的朋友，金寧閒著無聊，也就一起去了。當天大家計畫先去滑雪，晚上一起吃燒烤、喝啤酒。

　　金寧一聽到這些活動，其實心裡有點排斥，雖然大家出來都是各付各的，但自己吃燒烤戰鬥力不強，吃多了拉肚子，而且受不了啤酒的味道。吃的不多又不喝酒，各付各的也是不划算。更何況大多數人都是頭一回見面，除了靜靜以外也沒人可以說話。

　　「唉，怎麼這種無聊又浪費錢的活動自己竟然參加了？不如窩在宿舍追劇。」不過金寧在活動結束後回宿舍的時候可不是這麼想的。

　　金寧與靜靜一行人來到郊外的滑雪場，度過這個大家期待已久的週末。一路上大家有說有笑，不知不覺就到了目的地。

　　大家興沖沖地換好裝備，嚷著要去那個最大的坡，看誰會是滾著下來的。金寧雖然不是第一次滑雪，但是自知自己滑雪技術沒多好，看到那個陡坡，內心其實很害怕。其實她最想玩的是那種坐上去就不用管，有人拉著轉圈圈的雪圈。無奈靜靜已經被大家拉著走向了難度較高的陡坡。

　　「金寧，妳快來呀！」靜靜回頭朝金寧喊道。

　　「我……我先去那邊緩坡練習一下，我還不太會，你們先去玩吧，我一會兒再來找妳。」這時的金寧並不怕自己被冷落，倒是希望大家都看不見自己，省得拖著自己去陡坡上摔跤。

　　「我陪妳吧，反正我也不太會。」

　　這時，一直緊張的金寧才發現自己身後還站著一個人。這個人不算太高，也不胖，在人群中並不起眼，但聽靜靜說是經管學院的長跑體育資優生。

「啊，沒事沒事，你跟他們一起去玩吧。」金寧覺得，自己出糗的樣子就別在初次見面的男同學前現眼了吧……

「沒事，走吧，我現在跟他們去陡坡肯定得滾著下來。」說完，這個男生就朝著練習雪道走去。

金寧在後面默默跟著，一直回想這個男生叫什麼名字。都怪自己一坐車就想睡覺，沒有參與大家的聊天，這一群人裡，除了靜靜之外，金寧還是誰也不認識。

「我叫魏龍。」這個男生好像知道金寧心裡在想什麼似的，回頭對金寧打招呼。

「衛龍，是辣條嗎？」金寧聽到這個名字，脫口而出。

「哈哈哈，不是那個『衛』，不過如果這樣妳能記住的話，就這麼記吧。」

「不好意思啊，我最近辣條吃多了……我叫金寧，靜靜的室友。」金寧覺得有些不好意思。

「哈哈，我知道。妳之前滑過雪吧？」

「嗯嗯，滑過兩次，但是總是不停地摔。」

「妳是不會減速煞車吧，來我教妳。」

金寧心想，你不也來這邊練習的嗎，竟然還當上教練啦？想著想著到了坡頂，看到魏龍嫻熟地前進、拐彎、停止，這哪裡是新手呀？魏龍轉身將兩個雪杖像教練一樣遞給金寧，兩人一人抓一頭。

「你可以倒著滑？」顯然，金寧低估了魏龍的滑雪水準。

「比妳稍微強一些吧，放心，不會讓妳摔著的。」

金寧突然覺得魏龍可能是刻意找藉口來陪自己的，但自己是不是有點自作多情呢？不過有教練陪，總比自己一路摔

下去好吧。

魏龍陪著金寧一邊練習，一邊聊些有的沒的，倒也很愉快。靜靜他們已經開始打打鬧鬧地打起了雪仗。

練習差不多後，魏龍突然說：「不然我們去玩雪圈吧，好像還挺好玩的。」這句話可是說到了金寧的心坎裡，相較於滑雪，金寧更喜歡雪圈這種不需要什麼技術的遊戲。

「好啊好啊！」兩個人不知不覺好像變得很熟悉，這次金寧也沒有什麼猶豫，蹦蹦跳跳地和魏龍一起去玩雪圈了。

晚上的聚餐，魏龍酒精過敏，沒有和大家一起喝酒，剛好與躲在角落的金寧聊了一晚。雖然大家酒酣耳熱地很熱鬧，但金寧與魏龍聊得特別投機，似乎遮罩了周圍的喧囂。

金寧覺得自己對魏龍有好感，但也說不上多特殊，也分不清這是什麼感覺。也許只是自己朋友太少吧，尤其對方又是異性。總之，金寧那一整天都很開心，連自己平時不感興趣的燒烤，也覺得格外好吃。

週末就這樣過去了，日子恢復了忙碌。魏龍時不時會與金寧在網路上聊聊天，後來到了考試週，兩人總在圖書館相遇，魏龍便約金寧一起到圖書館自習，順其自然地一起吃飯，晚上再送金寧回宿舍。

兩個人的關係有著微妙的變化，但又沒什麼突破。靜靜追問兩人是不是有什麼進展，金寧毫不猶豫地說兩人只是朋友，碰巧遇到而已。但說完心裡又不知怎麼地有些開心，甚至有些期待再次「巧遇」。

金寧從未戀愛過，對於愛情她總是想得太多。她希望能和自己的初戀有個好結果，一生只談一次戀愛就好。

「願得一心人，白首不相離」是金寧心中追求的的感情，即使自己也不清楚到底愛情是怎麼一回事。她不知道自己對魏龍的感情是不是喜歡，是不是可以發展成愛情，是否能和自己走到最後，甚至不知道魏龍現在是不是想追求自己。

一大串的問題在金寧的心裡反覆縈繞，剪不斷理還亂。

不知不覺就到了假期，兩個人誰也見不著誰，沒有曖昧，沒有進展，網路聊天倒是沒有斷，聊生活、聊未來，越來越自然，越來越像「只是朋友」的狀態。

但是，金寧覺得自己好像有些期待開學，期待回到學校，期待見到魏龍。每次路過超市也不自覺地想拿一包衛龍辣條。

終於等到回學校，平時總愛宅在宿舍的金寧總會給自己找些事情，讓自己在學校裡頭閒晃顯得不那麼刻意。其實心裡頭就是想偶遇魏龍。大概是皇天不負有心人吧！還真讓金寧給碰著了，但不巧的是，魏龍可不是一個人在逛校園，旁邊還有個妹子。這讓金寧準備好的開場白都不知怎麼說了，竟然轉頭就往宿舍跑，生怕被魏龍發現。

「這女的是誰？怎麼沒見過？他怎麼陪她逛校園？看起來還特開心，還離得那麼近？那我算什麼？難道他對我真的沒那個意思？」又一連串的問題開始在金寧心裡打轉，也不知怎的，金寧覺得對魏龍有一種占有欲。雖然兩人從未談過愛情的問題，但金寧希望魏龍是自己一個人的，不管是好朋友，還是男朋友。

這也許回答了自己之前的問題，金寧是喜歡魏龍的。可現在，金寧不知道魏龍是不是對自己也有同樣的感覺。

「魏龍身邊的是不是他的女朋友，為什麼從未聽他提起

過？」金寧被自己內心太多的問題搞得失魂落魄。既然確定了自己的心意，她不願再這樣被動下去，她需要答案，一個與未來有關的答案。

這時金寧的電話響了，是魏龍打來的。

「金寧，妳在宿舍嗎？」

「嗯，我在，有事嗎？」

「沒什麼，我從老家給妳帶了些特產，都是我覺得比較好吃的。現在就在妳宿舍樓下呢，妳下來拿一下吧。」

「好的，我這就下來。」

金寧雖然心裡還在打鼓，但還是很開心，畢竟是魏龍送來給自己的東西。

金寧很快地整理了一下頭髮，還換上新外套，小跑著下樓，但到一樓又放緩速度，假裝十分平靜。一出宿舍門口，就看到魏龍拎著一大包東西，他還換了新髮型，瘦瘦高高，在黑夜的籠罩下，輪廓更加清晰。

「好久不見啦。」魏龍低沉的聲線讓金寧心裡小鹿亂撞。

「嗯是呀，新髮型不錯。」

「哈哈，妳喜歡呀，那以後就留這個髮型。」

「⋯⋯」金寧有點不知道該說什麼。

「好啦，快上去吧，晚上比較冷。」

「你女朋友呢？」金寧不甘心就這樣結束對話。

「女朋友？我是單身狗，妳知道的呀。」魏龍聽到這個問題也是一臉不解。

「哦，我剛才去圖書館還書，剛好看到你和一個女孩一起，那個不是你女朋友嗎？」

　　魏龍聽到這裡笑了，「那個呀，是我妹妹，今年大考，來看看咱們學校。怎麼看到我不來跟我打招呼？吃醋啦？」

　　「沒有，不是⋯⋯我⋯⋯哎呀！」金寧不知道該怎麼解釋，但聽到魏龍依然單身的消息，心裡還是很開心。

　　「好啦，放心啦，是有血緣關係的那種妹妹。」魏龍邊說邊揉了揉金寧的頭髮。

　　哇塞，摸頭殺，這是金寧完全沒有預料到的，瞪大了眼睛看著魏龍。

　　「妳呢，沒有背著我談戀愛吧？」魏龍笑咪咪地看著一臉癡呆的金寧。

　　「沒有。」金寧還沉浸在摸頭殺中，乖乖地回答。

　　「那就做我女朋友吧。」

　　金寧聽到這句話之後憒憒地一邊傻笑一邊點頭，被魏龍擁入懷抱。

　　金寧後來的校園生活，因為這份愛情變得有些不一樣，她陪他田徑訓練，也開始每天跑步鍛鍊。他陪她去圖書館念書，自己似乎也找到了想要學習的方向。日子簡單，卻又有著不一樣的精采。

　　屬於外冷內熱型人的魏龍被動穩重，穩重現實型人金寧踏實、想得遠，雖然兩個人從友情到愛情花了滿長的時間，也沒有太多激情，但平淡簡單的愛情卻禁得起時間的考驗。

★ ★ ★ ★ ★ ★ 分析 ★ ★ ★ ★ ★ ★

　　穩重現實型人在愛情裡溫和穩重，對誰都很溫柔，並不張揚，也沒有很強的攻擊性，通常喜歡上這類人的人都是日久生情，透過接觸與相處，慢慢發現他們的魅力。

　　穩重現實型人的愛情看上去有些平淡，沒有那麼轟轟烈烈，一方面是因為他們自身溫柔體貼的性格，也享受平淡的幸福，另一方面也是因為他們的忍耐力與好脾氣，有一顆包容的心。

　　但其實這類人對待感情也有不能觸碰的底線。他們的占有欲十分強烈，特別重視感情的忠誠度。他們眼裡容不下一粒沙，如果觸碰地雷區，你會發現穩重現實型人暴怒的一面，並且會採取激烈的報復行動，不惜毀掉自己曾經捧在手心的一切。

　　金寧是個典型的穩重現實型女孩，與魏龍的外冷內熱型都是穩定型，彼此心性相近，很容易互相吸引，但是這樣的組合會少了一些激情，屬於「平淡是真，細水長流」的組合。

　　兩個人從相識，相知，再到相愛，一步一步慢慢來，並不急於一時。穩重現實型人對愛情會想得很長遠，在準備相處前，就已經會考慮到兩個人的未來和婚後的生活，思考彼此是否合適。

　　有時候他們想得太多，就顯得畏首畏尾。但這都源於他們想要一份安定感情的渴望。一旦他們鎖定目標，就會表現出較強的占有欲。如果你發現一個穩重現實型人會吃你的醋，那對方很有可能是愛上你了。

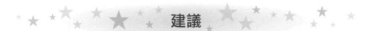

建議

　　穩重現實型人表面看起來安靜沉悶，但其實是非常有趣的人，他們的魅力需要你自己去挖掘。

　　他們希望把自己最好的一面，呈現給自己最重要的人，所以，追求穩重現實型人的人不能心急，最好先與他交朋友，慢慢了解他，也讓他慢慢了解你。

　　他們在面對愛情時，需要長遠考慮，但也需要勇氣去把握屬於自己的愛情。友情與愛情的界限如何跨越，友達以上，戀人未滿的灰色地帶如何脫離，其中的分寸拿捏，需要穩重現實型人好好思考。

　　身為穩重現實型人，感情與物質上的安全感對他們來說十分重要，但是在相處過程中，不應將這份安全感完全寄託在對方身上。要知道得失心越重，越是容易失去。

事業篇

　　<u>穩重現實型人，具有財經方面的敏感度，以及穩重踏實的個性，在職場中一向中規中矩，嚴格要求自己。</u>

　　小金就是一個穩重現實型人。

　　穩重現實型人的小金從小對錢很敏感，不愛看新聞的她，卻格外關注經濟報導，剛開始只是不自覺地留意，慢慢卻對一些金融方面的趨勢與分析越來越感興趣。

　　小金從國中開始，便強烈要求自己管理自己的壓歲錢，安排自己的零用錢，以及存錢買自己心儀已久的小東西。到了高中，就開始關注股票與基金方面的內容。像是一種本能，驅動著小金去了解更多資訊，學習更多知識。還找到了類比股票交易的軟體，一邊學習一邊研究。雖然不是很精通，但和身邊的朋友們相比，已經算是個經濟通了。

　　也因為有這方面的興趣，小金的數學很好。在考大學填志願時，她沒有過多糾結。後來，她選擇了一所上海的財經院校。

　　初到上海，當地快速的節奏使小金有些壓力與迷惘，難以適應。在自己生活近二十年的二線城市，馬路上不會有那種所有人都在趕時間，自己也不得不加快步伐的感覺。好在大學生活剛開始都比較輕鬆閒適，總愛宅在學校的小金，算是找到了自己的避風港。

　　小金是比較宅的那種，覺得窩在床上很舒服，平時也經常泡在圖書館，看自己感興趣的書，偶爾和朋友去吃頓大餐、逛逛街。這樣的生活持續到大三，要開始準備實習了，畢業就在眼前，自己好像不知不覺被時間推著走。

　　要成為尖峰時刻中匆忙的上班族。小金心裡有些抗拒，不知道自己能否勝任，雖然這是自己喜歡的專業，成績也不錯，但是想到自己簡而又簡的履歷和面試經驗，又有點沒信心。

　　而當小金真正踏入面試公司的那一刻，她覺得自己好像立刻找到了方向。這不就是自己一直以來嚮往的地方嗎？

　　在小金面試的五家金融公司中，小金收到了三家實習機會，並且有機會轉正。這得益於小金在學校課堂以及課外的學習與積累。

　　畢業後的小金，選擇了一家實力雄厚的金融公司，從小職員做起。對她來說，可以從事與自己專業相符的工作，而且還是自己感興趣的行業，這是最好的安排。她會一直做好自己的工作，一步步朝目標邁進。

分析

穩重現實型人性格溫和緩慢，與世無爭，對於自己喜歡的事情才願意下工夫，對於其他事，只要不是很差，過得去就好，講求中庸之道。他們具有堅韌的精神，通常會靠自己的一技之長吃飯。

小金比一般人早發現自己的興趣所在，並且一直堅持下去，在該領域不斷努力。雖然她在其他活動上並不十分積極，但是透過一點一滴累積實力，付出的努力都在踏出校園前看到了回報。

穩重現實型人的人總被認為市儈、愛錢，這樣的理解並沒有錯，但卻稍嫌片面。不得不承認，穩重現實型人對金錢有天生就很敏感，他們追求物質上的安全感，同時具備達到收支平衡的能力，以及會適當的安排控管自己的花用。

穩重現實型人不是小氣，什麼都捨不得買，而是注重生活品質，讓錢花在刀口上，用最少的錢買最好的服務，將收益最大化。

此外，這類人不喜變動，認定一件事會就去把它做好，所以通常會選擇與自己專業相符或跨度不大的職業。他們要跳槽時，也會慎重思考後再做決定，因此很容易變成公司的元老或中堅力量，也是同事與上司信賴的好夥伴。

建議

穩重現實型人對財務敏感，並且腳踏實地，穩中求進，適合從事金融、經濟等相關的工作。這類人常會被物質困住，尤其是在事業上。他們很容易以物質滿足為優先，而忽略內心的喜好和精神需求。要切記，追求物質安全感的同時，也要避免物質束縛，積極地面對未知，就會發現改變並沒有那麼可怕。

「興趣」是這類人做職業規畫時重要的考量因素。從事自己不喜歡的行業，會讓穩重現實型人產生惰性，無法有出色的表現，容易錯失進步晉升的機會。因此，他們需要更多的物質作為激勵，才能維持工作的拚勁。所以在擁有選擇權的時候，穩重現實型人要注意傾聽自己內心的聲音，不要做將就的選擇。

穩重現實型人的星晴小事

打動穩重現實型人的小事：
每次最後一口好吃的都給我。

讓穩重現實型人感到幸福的小事：
愛吃的那家小攤老闆休假回來了。

讓穩重現實型人死心的小事：
交不起房租，過不下去的時候，另一半卻沒有和自己一起努力。

〈神奇的動物系人格〉

靈敏多變型

★

松鼠

成長篇

　　<u>靈敏多變型寶寶靈活機敏，喜歡溝通交流。</u>雙兒就是這樣一個活潑的小朋友。

　　雙兒家裡有一隻小狗「開心」和一隻小貓「小傲」。小狗喜歡和人玩耍，雙兒也喜歡和牠一起玩。可是每次雙兒想去跟小貓玩耍，小貓都不願意理他，雙兒抱起小貓，小貓卻掙扎想逃。

　　媽媽：「雙兒，把小貓放下好嗎？」

　　雙兒：「媽媽，小傲軟軟的好可愛，我想抱抱牠，和牠一起玩。」

　　媽媽：「可是你看，這樣小貓很不舒服。」

　　雙兒：「為什麼？牠不喜歡我嗎？你看！」（那隻小狗跑了過來。）

　　「開心就喜歡我抱著牠！小貓不喜歡我嗎？」

　　媽媽：「不是的，雙兒，小貓就是喜歡自己待著，不喜歡被抱著，每種小動物都有自己的習慣。」

　　雙兒：「好吧，小傲你自己玩去吧！」（放開了小貓）

　　<u>雙兒第一次知道了和不同小動物要有不同的相處方式，也開始嘗試接受。</u>

　　雙兒學會了和貓咪的相處方式，很快地適應了。

　　雙兒和爸爸媽媽出門，看到社區裡有幾隻流浪貓，於是

和媽媽取來家裡的貓糧來餵流浪貓，雙兒把貓糧倒在路邊的石頭上就拉著媽媽走開，躲在樹後面等著小貓來吃。

　　媽媽：「雙兒，我們為什麼要藏起來？」

　　雙兒：「媽媽，小貓們不喜歡和人玩，我們在那裡，小貓不會過來吃東西的！」

　　媽媽：「雙兒，姊姊家養了一隻小兔子，媽媽帶你去看兔子吧！」

　　雙兒：「太好啦！我可以餵牠嗎？」

　　媽媽：「當然可以啦！」

　　於是雙兒在書包裡放了兩根火腿腸，見到小兔子，雙兒把火腿腸拿出來餵小兔子，小兔子不吃還跳到一邊了。雙兒追著它餵，可小兔子就跳來跳去。

　　雙兒：「媽媽，小兔子怎麼不吃，開心最愛吃火腿腸了！」

　　媽媽：「不是所有小動物都愛吃火腿腸的，小兔子愛吃胡蘿蔔。」

　　媽媽拿了一根胡蘿蔔給雙兒，雙兒把胡蘿蔔放在小兔子面前，小兔子吃了起來，雙兒超級開心。

　　<u>雙兒知道了牠們不是不喜歡自己，而是有不同的需要，只要掌握正確的相處方法就好。</u>

　　春暖花開，樹上有很多小鳥嘰嘰喳喳地叫，雙兒站在窗前和小貓一起看小鳥，還時不時學起小鳥的叫聲。

　　媽媽：「雙兒，你喜歡小鳥嗎？」

　　雙兒：「喜歡！」

　　媽媽：「那媽媽給你買一隻吧，買個彩色的，很漂亮的小鳥。」

雙兒：「我不要小鳥。」

媽媽：「為什麼，你不是喜歡小鳥嗎？」

雙兒：「可是小鳥喜歡在天空自由地飛翔，不喜歡被關起來養！」

媽媽：「雙兒，你長大了，知道對待每種小動物都要用不同的方式，你太棒啦！」

從和小狗、小貓、兔子的不同溝通方式中，靈敏多變型的雙兒靈活地運用到和小鳥的溝通相處。

分析

靈敏多變型寶寶擅長且樂於溝通，他們的學習能力強，又很靈活，知道和不同的動物相處要用不同的方式，同時，他們也能很快適應不同的溝通方式，並且靈活地運用到不同的關係中。

雙兒喜歡小動物，但並不理解這些小動物之間的不同，所以一開始以同樣的方法對待他們。直到發現不同的動物有不同的喜好，便很快學會用不同的方式來與不同的小動物溝通相處，這是靈敏多變型寶寶的優勢。

靈敏多變型的寶寶小時候並不安分，常常不按常理出牌，總有五花八門的想法，尤其在叛逆期更嚴重，總是讓家長不太放心。

面對好奇心泛濫的靈敏多變型寶寶，父母經常得回答他們許多稀奇古怪的問題。而且他們愛好廣泛，卻有些三分鐘熱度，靈活多變卻沒有耐心，做事沒有長性，需要家長引導他們取長補短，發揮自己的優勢。

建議

通常靈敏多變型寶寶都願意接受新鮮的事物，興趣也非常廣泛，並且可能在文學、繪畫等方面有不錯的天賦。然而，他們通常會有喜新厭舊的特質，需要家長多多關注。這類型

寶寶的家長，要盡可能引導他們發現，若能堅持不懈地做同一件事，最後可能會有意想不到的收穫。

無事可做對孩子來說可能會產生焦慮，尤其是對這些閒不住的靈敏多變型小朋友而言。家長在觀察到孩子有這種情況出現時，最好製造或找一些具體的事情讓孩子去做，因為這類型的孩子往往精力充沛，從事不同的運動，對他們來說是很好的發洩方式。

面對靈敏多變型寶寶，家長可以從以下幾方面幫助他們健康成長：

一、最好周圍可以充滿書籍和益智玩具，激發他的想像力與思維。

二、鼓勵孩子多做一些與大自然相關的事情，比如澆花、遊園、散步等，會在不經意間讓孩子發現許多新鮮的事情，找到自己喜歡的東西。

三、迷宮類遊戲也能幫助孩子培養耐性，明白只有堅持才能到達終點。

愛情篇

<u>松鼠系人在愛情裡時而花心，時而癡情，看起來很矛盾。</u>張又又就是典型的靈敏多變型人。

張又又是個感情經驗豐富的靈敏多變型女孩，你問她初戀是什麼時候，她會告訴你，她的初戀可不止一次。

又又從國中時就喜歡看各種愛情小說。她的愛情就是從這些愛情小說啟蒙的，所以她對愛情格外地憧憬。早戀對於又又來說，既青澀且美好。

又又前男友不少，空窗期也很短，總給人一種花心的印象，感覺她好像變心變得很快。其實又又每次分手，都不像別人以為的那樣薄情，她的療傷期雖然比一般人短，但這並不代表她痛的程度不及他人。

學生時期，又又喜歡透過吃甜食來緩解失戀的傷痛。一邊哭，一邊吃，一邊看偶像劇，在別人的愛情裡找自己的影子。但後來慢慢發現，要治療失戀，除了讓傷痛隨時間淡去，找到下一份感情也是一種方式。

靈敏多變型的又又，對變化並不抗拒，她覺得一成不變的生活最無聊了。也正因為對愛情的憧憬，所以在感情上不斷地尋找那個真正屬於自己的人。她的前男友們都不是同一型的，各種動物系人格都有。但又又還沒總結出自己最中意的是哪一類，她覺得不同性格類型的人都有自己的獨特魅力，

所以她對每份感情都很投入。

可是又又還是沒有找到那個能和自己走一輩子的人，又即將邁入輕熟女階段，難道那些內心對愛情的憧憬真的無法成真嗎？

又又在單身期間，基本上每場聚會都會盡可能參加，深怕錯過自己的正緣。就在一次高中同學的聚會上，又又再次遇見了張亦凡。自己的同學們生孩子的生孩子，結婚的結婚，自己已經算少有的單身貴族之一，而張亦凡也是聚會中難得的單身男士。張亦凡當年對又又的表白，同學們可都印象深刻，在同學起閧下，兩人自然而然地坐在一起。

張亦凡和又又是在合唱團認識的，是又又隔壁班的同學。張亦凡是因為又又，才知道喜歡一個人的滋味。

但那時候的又又被愛情小說荼毒不輕，她喜歡的人一定要一八〇公分以上，但是張亦凡只有一七五，雖然又又也只有一六五，但是在那時的又又眼中，一七五跟一七〇沒什麼差別，不到一八〇的男生，又又是看不上眼的。

和張亦凡的熟識，也全是因為張亦凡身高一八六的校草級死黨。又又總跟張亦凡側面打聽一八六，張亦凡雖然心裡頗不是滋味，但也心知肚明一八六是他接近又又的唯一藉口。

好在又又善變，不久之後，身高不再是她迷戀的唯一標準。不巧的是，張亦凡依然不是她的目標，她看了一部新小說，裡面的男主是個冷冰冰的學霸。可是張亦凡既不冷冰冰，也不是學霸。

又又不再向張亦凡打聽一八六，但是卻習慣對他說自己的愛情心事。張亦凡每次都耐心地聽著，算是半個男閨蜜。

終於，到了高三畢業，張亦凡看著又又熱戀、分手、再熱戀、再分手，卻還是在一旁默默地喜歡她。在大考之後，張亦凡終於鼓起勇氣在全班面前對又又告白，但又又一句話都沒說就跑掉了。

從那時起，又又從張亦凡的生活中消失了，只能在社交平臺上窺視著又又的生活。即使彼此的大學依然在同一個城市，但自己卻好像從來沒有出現在對方的生命中一樣。

又又怎麼會忘呢？尤其是畢業後在愛情中穿梭的又又，每次分手、每次難過都會想起張亦凡……

「如果他沒有表白就好了，我就可以假裝不知道，去找他聊天。」每次和他傾訴完，又又總是感到如釋重負，她覺得張亦凡很懂自己，對他也有些好感，但這種好感並不是愛情。她愛情故事裡的男主角並不是張亦凡。

這次的聚會，似乎把兩個人拉回到當初的校園時代，畢業之後才知道學生時期的自己多麼傻，兩人的感情多麼美好。

「好久不見。」張亦凡先說道。

「嗯，好久不見。」不知道怎麼回事，又又有些緊張。

「不好意思，把妳嚇跑了這麼久。」

「哈哈，沒有啦，是我膽小。」

那天大家都喝了很多酒，聊了許多有關孩子、家庭、工作的話題，可是又又都不想參與，她只想知道張亦凡這些年過得怎麼樣。

趁著酒意，又又仔細地看了看張亦凡，雖然個子依然不高，但是打扮地幹練精緻，沒有攻擊性的帥，讓人忍不住多看幾眼。

　　張亦凡察覺到又又在盯著自己看，回頭對又又說：「看什麼，長得比較像你的白馬王子了嗎？」

　　又又一陣尷尬，白了張亦凡一眼，說：「那可差遠了。」

　　不知道是不是酒精的作用，又又感覺到自己的臉紅了。又又特別想跟張亦凡說說話，想聽聽他這幾年沒有自己的生活，也說說自己沒有他的生活。

　　「你這幾年談戀愛了吧？」又又問。

　　「對啊，那不然還一直等妳嗎？」張亦凡故作輕鬆，但是卻躲避著又又的眼神。

　　「呿，誰要你等？」又又有一種意料之外的失落。

　　「妳呢，這麼多年，還沒找到小說裡的王子啊？」

　　「唉，什麼王子呀？那都是小時候受小說的毒害，現在別說王子了，找個能好好聊天的都難。」又又不自覺地轉著酒杯，輕聲抱怨著。

　　那天晚上，又又覺得這種感覺很熟悉，張亦凡依然耐心地聽自己絮絮叨叨，偶爾吐槽自己兩句，但是總能理解她的想法，讓她感到安心與放鬆。即使這幾年從未聯繫過，兩人卻像以前那樣熟悉，那樣有默契。

　　又又過了一個開心的夜晚。晚上張亦凡送又又回家，到門口時，又又突然有些害怕，這次見面後，會不會像畢業那天一樣，彼此杳無音訊？上次是因為自己沒想清楚，所以才選擇逃避，這一回她雖然也不是想得那麼清楚，但內心卻又不願和張亦凡就此斷了聯繫。

　　「嗯……謝謝你送我回來，臉書加個好友吧，改天請你吃飯。」又又說。

「喲，太陽打西邊出來了，還以為妳又要跑走咧。」說著拿出手機，彼此互加了好友。

「哎呦，你就別損我了。」說著，又又覺得胃裡一陣翻騰。

「我可能喝多了，我⋯⋯」話還沒說完，又又就吐了一地，跌坐到地上。

「不能喝就別喝那麼多呀，逞什麼強。妳家住幾樓？」張亦凡一邊說一邊公主抱起又又。

「喂喂喂，你可別趁著我喝多有什麼歪念頭。」又又緊了緊自己的衣服。

「妳現在回家看看自己現在的樣子，誰會對妳有什麼歪念頭？」張亦凡直接地說。

「哦，十八樓。」又又不僅胃裡翻江倒海，心裡也是尷尬又激動。被張亦凡公主抱，不知道為什麼真的有一種自己是公主的感覺。當然，如果自己沒有喝到吐得亂七八糟，這種感覺可能會更真實一些⋯⋯

但是又又顧不了這麼多了，進門就抱著馬桶吐，後來什麼都不記得，抱著馬桶睡著了⋯⋯

第二天一早，又又起床後，發現床頭有自己愛吃的豆漿油條。自己每次宿醉過後，第二天起來都最愛吃豆漿油條。

又又不知道張亦凡怎麼知道這件事，但她內心洋溢著一股幸福的感覺，可能是因為以前的好朋友重新回到自己的生活，可能是因為那個公主抱，也可能是因為桌上的豆漿油條⋯⋯總之忘掉前一天尷尬的瞬間，其他部分都十分美好。

張亦凡還在桌上留了張字條：「不確定妳會幾點起床，

我公司臨時有事，先走了。」

　　張亦凡先走，讓又又鬆了一口氣，因為她也知道自己宿醉過後醒來的德性，雖然昨晚的形象也不怎麼樣，但是至少不用在清醒的時候面對這種時刻，對她來說還是輕鬆不少。

　　又又發現自己有些在意張亦凡怎麼看她。自己在愛情裡打滾這麼久，又又判斷自己是看上張亦凡了。可是現在的又又，不確定張亦凡對自己是什麼樣的心意，她到底該不該主動出擊？

　　從那天之後，張亦凡沒有找過又又，又又每天下班回來就盯著張亦凡的臉書頭像，翻著他寥寥無幾的朋友圈，猶豫著要不要主動說話。

　　有時候又又覺得，如果他對自己還有意思，應該會主動和自己說話才對，自己已經主動加他好友了，難道還要自己主動追他才可以嗎？但有時候又覺得，當初逃跑的是自己，現在又怎麼能奢望對方依然喜歡自己呢？自己不聯繫，可能又和多年前一樣，連朋友都沒得做了。終於，又又翻來覆去後，點開了張亦凡的頭像。

　　「在忙嗎？」

　　「剛下班。」

　　「我之前不是說要請你吃飯嗎，你什麼時候有空啊？」

　　「妳還記著呢？還以為妳喝多了忘了。」

　　「我哪有那麼瞎啊。」

　　「那就現在吧，加完班餓了，出來吃夜宵，妳 ok 嗎？」

　　「走啊，要吃燒烤還是什麼？」

　　「妳決定。」

　　說完，又又著急忙慌地換衣服，雖然她自己也知道，晚上黑漆漆不會有人看，平時出門吃夜宵都是寬鬆短褲、背心加拖鞋，但她這次還是試穿了好幾套衣服，在鏡子前照了又照，最後選了一條自己最喜歡的吊帶裙。

　　又又也不知道為什麼時隔多年，見了張亦凡一面，就立刻喜歡上他，還這麼在乎自己在他眼中的形象。

　　又又來到兩人約好的地點。此時張亦凡已經到了，他穿著略帶休閒感的襯衫，比聚會那天感覺更加成熟。又又感到自己有些臉紅心跳，好像回到初戀的感覺。兩人點了幾瓶啤酒，開始閒話家常。聊著聊著，就聊到了當時畢業的時候。

　　張亦凡說：「我有想過妳的各種答案，卻沒想到妳沒有給我任何答覆就跑掉了，不再聯絡。」

　　又又說：「我自己都沒想清楚，怎麼回答你。」

　　「那現在呢？妳還要跑嗎？」

　　「跑啊，該追的得追呀。」

　　「怎麼，又有新目標了？」張亦凡說完自己乾了一杯酒。

　　「嗯，應該想清楚了。」又又看著張亦凡說。

　　「那祝福你，希望這次真的是妳一直想要找的王子。」

　　「嗯，想安定下來了，你呢？」

　　「那也得先有個女朋友吧。」

　　「你看我怎麼樣？」

　　「妳不是有目標了嗎？」

　　「對啊，就是你啊。」

　　「妳在說什麼啊？我會當真的。張亦凡有點不太相信自己的耳朵。」

「放心，我沒喝多，我想追的就是你。之前是我跑掉了，這次我要追回來。」

「幹嘛？找不到王子就來找我將就嗎？」

「看起來我好像按著明確的標準的尋找，個兒高的，眼睛大的，笑起來好看的，但是每次好像和符合目標的人在一起之後才發現，那些標準好像並沒有很重要，我很快就會變了，雖然我每一個都很想走到最後，每段感情我都認真對待，但可能我一直都沒有搞明白我到底想要什麼，總覺得哪裡不對，每條路都走不通。直到上次遇到你，跟你聊天讓我感覺到久違的輕鬆，雖然這幾年我們從未見面，但是有一種一直在身邊的錯覺，你讓我有被了解的感覺。我才發現，原來之前的路走不通，是因為我們無法彼此理解，沒辦法在聊天中感到幸福。但是你給我了這種幸福，這對我太重要了。這次，我真的想好了。換我等你一個答案。」

「好。」張亦凡看著這個總是讓人措手不及的女孩，隔了一會兒，只說了這一個字。

「好什麼呀？」又又有點懵。

「妳要的答案，我說好啊。」

「這麼快？這麼直接？」

「對啊，我又不是妳，膽小鬼。」

第二天一早，張亦凡來接又又上班，帶著她最愛吃的豆漿油條，又又說：「你也愛吃豆漿油條呀？我也是，尤其是喝完酒，第二天早晨來一碗豆漿兩根油條，簡直人生贏家。」

張亦凡說：「妳大半夜喝多，不是發微博嚷嚷著要豆漿油條嗎？」

「你怎麼知道，我第二天一早就刪了呀，你有我微博嗎？我怎麼不知道。」

「是妳微博的多年粉絲了，特別關注會有資訊提醒，那是唯一能看到妳生活的聯繫。」

「那我半夜那些刪了發、發了刪的矯情微博你都看了？」

「廢話，也不知道大半夜的，妳哪來那麼多稀奇古怪的感慨。」

「原來，你真的一直在我身邊。」

後來的又又和張亦凡，沒有太多又又曾經看過的青春小說的浪漫情節，但是不經意間的細節，總能讓又又感到幸福。這次，靈敏多變型的又又真的安定下來了。

分析

又又是個典型的靈敏多變型的女生，對愛情充滿嚮往，感情經歷也比較豐富，不斷地尋尋覓覓，標準也在不斷地變化，總給人一種花心的感覺。

但靈敏多變型人，在感情上不會腳踏兩條船這麼花心，他們對待每段感情都是認真的，只是多變的性格使他們總是無法定下來，直到真的認清什麼才是自己想要的。

靈敏多變型人自帶一種貪玩的真性情，開心就享受，不開心就要發洩傾訴，有自己排解情緒的方法。所以雖然這類人雖然很容易受傷，但也有自己轉移注意力的方式，負面的情緒可以比較快過去。

這類型人雖然外表熱情活躍，但內心的孤獨只有自己知道，但他們不願孤獨，不願獨來獨往，所以靈敏多變型人注定會嘗試和不同的人相處，去尋找自己的真愛。雖然他們的花心讓人詬病，但當他們遇到命中注定的另一半時，癡心程度更讓人驚訝。

建議

靈敏多變型人，在愛情上可能會走一些冤枉路，每次戀愛後才發現對方與自己最初的想像有落差，然後陷入失戀的悲傷中。

在每段感情結束後，不應該為了逃避這段過往，而盲目地繼續尋找下一段感情。只有真的面對過去的事情，這一段才真的算是過去了，也唯有這樣，才能快點理清自己的思路，把握住身邊的幸福，少走一些彎路。

雖然每條路都有不同的風景，但早點和對的人相遇，一起看日出日落，也許會更美。

這類型的人喜歡並享受與人打交道，而且總是像個孩子一樣，太過嚴肅的承諾會讓他們感到壓力大，想要逃跑。但這是成長的必經之路，即便逃跑，兜兜轉轉到最後還是要面對，倒不如一開始就鼓起勇氣試試看。

事業篇

　　雙兒從小就喜歡與文字有關的東西，也愛閱讀各種雜誌，後來隨著網路的興起，開始關注社交平臺的自媒體內容。雙兒總是本能地願意去接觸新鮮的事物，尤其是當其他人還懵懵懂懂的時候，雙兒就開始研究各種事物，滿足自己的好奇心。

　　喜歡文字的她，在大學選擇了中文系，在學校加入記者團，同時輔修新聞傳播相關課程，畢業後進入了一家報社，寫一些深度報導以及專訪稿件。

　　漸漸地，隨著新媒體的發展，紙媒行業經營出現斷崖式下跌，長久以來，雙兒在自己的工作中也感到離新生力量越來越遠。她本能地去了解最新的趨勢，後來開了自己的部落格，也建立自己的粉絲頁。她做這一切並沒有什麼特別的目的，只是想體驗一切新的事物。

　　工作之餘，雙兒會寫一些屬於自己的文字，放到網路上，有些是關於心情，有些是在聊時事，有些則沒有什麼主題，只是一些自己想說，但在職場上不能說的話。

　　剛開始，關注她網頁的人不多，只是一些同學和朋友，慢慢地，她的文字引起其他人的共鳴，開始吸引更多粉絲。

　　因為雙兒平時就喜歡時尚的東西，愛買衣服、買護膚品，而且總在嘗試新款後，習慣性會在自己的個人網站分享一些

使用心得與搭配技巧，慢慢地吸引了越來越多女性關注。

雙兒也乾脆把年輕女性當作目標讀者。歪打正著，趕上了自媒體崛起的時機，網頁做得有聲有色，也開始有人來找雙兒幫忙做廣告。雙兒覺得無法兼顧本業與個人網頁的經營，勢必得割捨一部分。

考慮了一段時間，雙兒辭職了，雖然自媒體沒有穩定收入，但是雙兒在做粉絲頁時，能感受到一種內在的動力，總能發現新事物，與粉絲互動也很有樂趣，還能寫著自己想寫的文字，認識各式各樣的人，見識各種各樣的生活。這對雙兒來說是很理想的生活狀態。

雙兒也不知道自己的未來會如何，時代變化得越來越快，她沒辦法確定自己能否趕上潮流，但是她並不懼怕變化。

她確定這是她目前想要做的事，未來的答案，就交給未來去說。

分析

　　靈敏多變型人，追求變化，也喜歡溝通，具有一定的語言天分，並且善於與人交流相處，工作上的人緣也通常不錯，適合從事教師、媒體或文字的工作。

　　這樣的性格，其實無論對什麼工作來說都很有利，他們能夠迎合時代的潮流，需要隨時從新生的事物中汲取靈感。所以一成不變的工作會使他們感到乏味，找不到自己的方向。

　　雙兒喜愛文字，但即便從事與自己喜好有關的工作，若是遇到傳統媒體那種制式化的流程與體制，還是會讓她感到無聊，認知到自己應該去學習接觸新鮮的東西。因此，這類人要抓住自己的直覺，而不是視而不見。這也是這類人在事業上發現機遇的必備條件之一。

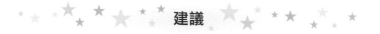

建議

　　靈敏多變型人不懼創新與挑戰，樂於擁抱新鮮事物，這樣的性格會使他們可能涉獵多個領域，朝跨界人才的方向發展。

　　但從另一個角度來看，卻容易出現耐心不足、三分鐘熱度的情況，要多加注意。樣樣通有時候也是樣樣都不精，還是要找到自己的主線，將眼光放遠，考慮一些對未來人生有幫助的規畫，這樣在事業上也會得到較好的發展。

　　三分鐘熱度是這類型的人在職場上必須克服的。在自己豐富的經歷中，到底什麼才是自己想要的，這點必須先釐清。一旦做出了選擇，就要把它做好，這也是職場所必備的條件。

靈敏多變型人的星晴小事

打動靈敏多變型人的小事：
情人不糾纏我的過去，我也不用因為他的過去而煩惱。
讓靈敏多變型人感到幸福的小事：
喜歡的包包／衣服／口紅剩最後一個，被自己搶到了。
讓靈敏多變型人死心的小事：
情人從來都不讓我看他的手機。

〈神奇的動物系人格〉

體貼居家型

★

小鹿

成長篇

　　體貼居家型人的小鉗子是個細心敏感的小朋友，感情豐富。

　　週末的上午，小鉗子吃過早餐後便坐在電視機前看卡通。

　　媽媽：「小鉗子，你看了一上午的電視，媽媽教你的古詩都背下來了嗎？」

　　小鉗子看看媽媽，搖搖頭……

　　媽媽：「別看電視了，休息一下，等等繼續背給媽媽聽！」

　　小鉗子不情願又不高興，低著頭不做聲。

　　爸爸看到了說：「小鉗子還小，也沒上學呢，背那些詩幹嘛？不用背！」

　　媽媽：「現在的小朋友們都會很多東西，上學前就學會好多知識了。」

　　爸爸：「這電視上的兒童節目也有很多可學的，他不想背就不要去背詩了！還不如和我去散散步。」

　　看到爸爸媽媽爭論著，小鉗子不知所措，委屈地低聲啜泣……

　　見狀，爸爸媽媽停止了下來，媽媽抱起小鉗子對他說：「小鉗子你怎麼哭了？」

　　小鉗子啜泣著：「你們不要因為我打架……」

　　媽媽說：「小鉗子，爸爸媽媽沒打架。媽媽想教你背詩，

這樣別的小朋友就會很羨慕小鉗子啦，因為小鉗子很厲害！爸爸讓你看電視，因為電視節目也能學習知識，小鉗子想出去散步也可以呀，不能總待在屋子裡，爸爸媽媽都是在愛你，怎麼會打架呢？你想做什麼，自己選吧。」

小鉗子呆呆地聽著，不哭了，想了想，然後左邊摟住爸爸的脖子，右邊摟住媽媽的脖子說：「爸爸媽媽，我們出去散步吧，散步回來我背詩給你們聽。」

於是，小鉗子一家三口拉著手，開心地去散步了。

<u>小鉗子喜歡和諧的環境，總是希望照顧到大家的感受。小鉗子細膩的感情隨時都在流露。</u>

走在社區的花園裡，到處都是鮮豔的小花，小鉗子特別喜歡，伸出手想摘花。

爸爸看到了阻止了小鉗子：「小鉗子不能摘花哦，你要摘花幹什麼？」

小鉗子：「爸爸，我想把花送給我們三個，大家不是都說，花要送給喜歡的人的嗎？」

爸爸：「我們把它摘走，它離開了自己的家人，也會死掉的。」

小鉗子很失望：「這樣啊……」

媽媽：「小鉗子，外面有賣花的，我們去買一盆，回家種吧！」

小鉗子開心的蹦蹦跳跳：「好哇，好哇，我們快去吧！」

於是，媽媽給小鉗子買了一小盆花，小鉗子小心翼翼地捧回家。

小鉗子覺得花代表「喜歡」和「愛」，所以想把花帶回家，

送給自己最愛的家人。

小鉗子喜歡表達愛，希望家裡充滿愛的氣息，也希望家人都能彼此相愛。

一天晚上，小鉗子突然對媽媽說：「媽媽，今天幼稚園老師教了我們一句英文，老師說回家要跟家長說！」

媽媽說：「哦？小鉗子都會說英文啦！快說說看！」

小鉗子：「I love you！就是『我愛你』的意思！媽媽妳也對我說！」

媽媽一臉幸福：「I love you,too. 我也愛你！」

小鉗子眼珠一轉，興奮地抱住媽媽說：「媽媽，以後每天睡覺前我們都說一遍吧，我們叫爸爸過來，也跟爸爸說！我們都要 I love you，好嗎？」

媽媽說：「好啊！」

小鉗子：「爸爸，我學會一句英語：I love you，以後每天晚上睡覺前，我們都互相說吧！」

爸爸：「好啊，小鉗子都會教爸爸說英語啦！I love you！」

小鉗子：「I love you，爸爸！」

小鉗子親了爸爸媽媽一下，然後就幸福地去上床睡覺了。

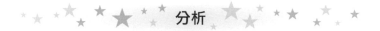

分析

　　體貼居家型小朋友很愛家。敏感又細膩的他們，總是能留意到別人的情緒，希望大家都能和諧共處，也希望家裡充滿愛的感覺。

　　所以體貼居家型人，小的時候就很依賴家庭，對家庭中發生的矛盾也非常敏感，如果父母經常通過吵架的方式交流或關係不好，會對體貼居家型小朋友造成很大的心理影響。

　　所以家庭氛圍中，語言的表達很重要，對體貼居家型寶寶的愛，不能忽略語言上的表達。

　　體貼居家型孩子同時還具有敏銳的觀察力，不停地用自己的感官捕捉周遭一切新奇、新鮮的事物。他們想像力也十分豐富，有時喜歡沉浸在自己的世界中，甚至更享受獨自玩耍。

　　也因為他們的敏感，所以體貼居家型的童年也有較強的自我保護意識。

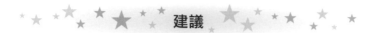

建議

　　在體貼居家型人的童年中，「溝通」是很重要的課題，他們很需要家人間彼此的溝通來傳達家庭的愛，並且對家庭中的矛盾極其敏感，這時候需要家長的關注與引導。因為他們如果有什麼事憋在心裡不說的話，很容易出現一些問題，成為與他人溝通的障礙。

　　所以，如果是爭吵型的家庭，對體貼居家型的孩子來說更容易產生不良影響。與他們溝通交流的時候，也最好從比較感性的角度出發，這樣他們比較容易接受。他們與人溝通交流時，也比較容易表達自己的情緒，展現感性的一面。

愛情篇

　　世上最殘忍的事情，莫過於愛上一個不回家的人，更何況是發生在最嚮往家庭溫暖的體貼居家型人身上。所以才有人說遠距離是愛情的殺手。

　　因為親密、信任、熱情是愛情的基礎，然而不能在一起相處的兩個人，無法感受到彼此的親密，無法給出絕對的信任，無法散發出足以溫暖對方的熱情，這些對體貼居家型來說尤其是一種折磨。

　　巨謝謝是個典型的體貼居家型女生，在大學時，愛上了一個自由冒險型的男生，兩人的性格雖然有些差異，但或許也正是因為這樣的差異，帶給他們了新鮮感，所以他們一畢業沒多久就步入婚姻的殿堂，還生下了一個活潑可愛的孩子。

　　他們雙方的家庭條件都不錯，男方的薪水也算優渥。所以當家中出現新成員之後，巨謝謝便為了孩子與家庭，放棄了自己的工作。

　　其實巨謝謝挺喜歡自己的工作，但是與家庭孩子相比，她還是選擇了後者，成為了一名家庭主婦。

　　家庭主婦的生活不但沒有想像中容易，甚至還比上班更有挑戰性。每天都要重複同樣的事，洗衣服、收拾屋子、哄孩子、做飯，還要獨自面對像是孩子生病等各種狀況。好在巨謝謝很享受自己營造的居家氛圍，把家裡收拾地井井有條

是她最享受的事。等到老公下班回來，一家三口和樂融融，
很是享受。

　　隨著孩子一天天長大，為了孩子今後的發展，兩個人決
定移民國外，但由於老公工作的緣故，他們決定先由巨謝謝
帶著孩子去國外生活，而老公則留在國內賺錢，從此開始了
分隔兩地的遠距婚姻。

　　巨謝謝一直在學習做一個稱職的媽媽和太太，但每天回
到家都無法見到自己的丈夫，這種聚少離多的跨國婚姻，讓
巨謝謝幾乎面臨崩潰。而且因為時差的問題，兩人連視訊聊
天的機會也很少，每次視訊時，老公也只是看看孩子，無法
陪巨謝謝聊更多生活瑣事。

　　曾經支持自己的精神支柱不在身邊，極度缺乏安全感的
巨謝謝，因為感情找不到出口而痛苦萬分，但身為母親，她
又肩負著許多無法逃避的責任，所以也只能默默忍耐。然而
忍耐的背後，等待她的並不是像她一樣心繫家庭的老公。

　　事實上，留在國內的老公面對著各種誘惑，沒有了家庭
的束縛，崇尚自由的他，彷彿有了一種解放重生的感覺。下
班有些疲倦的他，不再像往常一樣回家歇著，而是開始尋找
其他的放鬆方式，運動與泡酒吧就是他的新選擇。曾經因為
家庭而拒絕的各種聚會，現在幾乎一個都不錯過。

　　沒多久，她老公出軌了，和一個同樣遇到了家庭問題的
女人，在朝夕相處中產生了感情。剛開始只是一次酒後意亂
情迷的肉體出軌，但是到後來，他根本也搞不清楚自己到底
有沒有精神出軌。

　　身為一個敏感的體貼居家型人，巨謝謝的洞察力是很強

的，她從老公日漸冷淡的態度，與本就寥寥無幾的言語中，察覺到一些她不願相信的變化。但她卻不敢直接質問，因為她有點害怕聽到真實的答案，不問的話，還能自我安慰說是自己想多了，只要再堅持一下就會海闊天空。

卻沒想到，外遇的事實最後還是被發現了，一切都不是疑心的猜測，那些巨謝謝不願相信的直覺都成為了現實，讓她不得不面對。在巨謝謝還沒有想清楚要不要原諒他時，老公卻先開了口，向她提出離婚。

對於這樣突如其來的變化，巨謝謝手足無措，幾天都茶飯不思，還有孩子要照顧。那些讓巨謝謝不想離婚的理由，對老公來說似乎都不成問題，竟然這麼輕鬆地說出離婚兩字。

巨謝謝實在難以接受，這是自己傾盡全力照顧的家庭，難道就這樣悄然地分崩離析了？

她的情緒非常不穩定。她痛恨自己當初同意移民的決定，她痛恨自己為什麼如此軟弱，她痛恨自己為什麼愛上了一個不回家的人。巨謝謝很不甘心，她很想要知道未來會怎麼樣，難道多年的校園戀情就此破滅？難道對方真的可以捨棄家庭？難道沒有轉圜的餘地？一連串的問題徘徊在她的心中。

其實有時候，感情遇到了瓶頸，無法前行，也許需要找到一種方式換位思考，或是用以退為進的處理方式去解決目前的問題。這樣的過程雖然非常艱辛痛苦，可是只有你學會了接受，心甘情願的去承受，才有可能發現不一樣的風景。

正如佛法裡所說的「捨得」，只有捨棄現在擁有的，才能在未來獲得更多。退一步冷靜的思考一下，雙方到底不是不愛了，或只是因為遠距離的現實才衍生出這樣的問題。如

果還有愛，那麼是否可以嘗試面對面溝通？如果解決了遠距離的問題，雙方是否會有轉機？還有很多問號需要去找到答案。

巨謝謝在想了一段時間之後告訴朋友，雖然老公不能回家，甚至現在想要離開這個家，但是她還是愛著對方，她還想要再做最後的努力。於是，巨謝謝買了第二天的機票，決定積極面對並好好解決這個問題。朋友們都很開心看到她振作起來，也期待她可以找到最終的答案，憑自己的力量喚回她所愛的人。

回國的巨謝謝獨自回到兩人之前的愛巢，沒有讓老公來接，她想知道自己傾心付出的家是否有了別的女人的氣息。如果老公已經把那個女人帶回家，把這個家交給另一個人來打理，那麼可能不僅僅是遠距離的問題了，自己也不會對這段婚姻再抱任何幻想。

當她打開家門，看到有些清冷的家，心裡有些不是滋味，但還好，自己靈敏的嗅覺沒有聞到其他女人的味道。

巨謝謝安慰自己，這都只是因為家中沒有自己和孩子在，老公缺少家庭溫暖，才會出去尋求其他慰藉。雖然巨謝謝從沒想過自己竟會試圖讓自己接受這樣的事，但等到事情真的發生時，她才發現，現在的她，只盼望老公可以回頭，兩個人繼續這段婚姻，將這看作婚姻中的一段小插曲。她不想理會別人怎麼看她，這就是她現在想要的。

巨謝謝在這段期間內想了很多，也冷靜了許多，但是都沒有和自己的爸媽說，因為她的內心期望這件事還有轉圜的餘地。她傳簡訊給老公：「我們談一談吧，我在家裡等你。」

之後，便開始收拾房間，像當初在國內一樣，越整理，回憶就越翻湧，從大學的校園戀愛時光，到組織家庭，一步步走來，兩人有辛苦、有爭吵、有甜蜜，這些點點滴滴，對巨謝謝來說都是幸福的回憶。

巨謝謝看到冰箱裡過期的水果蔬菜，連罐頭也是過了期的，心裡不禁有些酸楚，難道自己的婚姻也像這些冰箱裡的過期食品一樣，只能扔掉了嗎？巨謝謝一邊想一邊出門買了些新鮮的蔬果，做了幾個簡單的拿手菜，還差最後一個菜的時候，聽到了鑰匙孔轉動的聲音，巨謝謝不敢回頭，不知道第一句話該說什麼，便假裝沒聽見，繼續做飯。他感到老公在看著自己，但也沒有說話。巨謝謝端著最後一道菜來到餐桌，說：「吃吧。」

「對不起。」

巨謝謝沒有回應，但是她感到老公的態度緩和了許多，不像電話裡一樣，是攤牌散場的態度。

「爺爺奶奶想孩子，我把孩子先送到爸媽那兒了。」

「嗯，好。」

「吃吧。」

巨謝謝的老公有些驚訝於巨謝謝這種不卑不亢地態度，他設想過，也許是哭鬧著撒潑，也許是談離婚的財產分配與孩子的撫養權，但他沒想過是這樣。

巨謝謝回到家後，一切便像從前一樣溫暖。雖然巨謝謝的態度有些冰冷，但貼心的舉動喚起了老公對家的依賴。他覺得自己好混蛋，卻沒有勇氣求巨謝謝原諒。

「電話裡你說要離婚，你要和那個女人結婚嗎？」巨謝

謝開口問道。

　　「我還沒想好。」

　　「沒想好離不離，還是和那個女人結不結？」

　　「在上次電話裡我說過離婚之後，掛了電話我才發現我太難受了，我不想離，我知道，我沒臉求妳原諒我，我會承擔我犯下的錯，一切都聽妳的。」

　　後來巨謝謝和老公聊了許多，關於孩子，關於這段不在一個城市生活的日子，對老公和那個女人的事隻字不提，她孩子氣地想假裝這一切都沒有發生過，像從前一樣。

　　那天晚上，兩個人像回到了大學時代，她知道兩人無法真的當作這些傷害從未發生，這些傷害或裂痕都是千真萬確的，但過往的幸福甜蜜卻也一樣真實不假。

　　後來，巨謝謝並沒有放棄這段婚姻。老公和那個外遇對象說清楚之後，再也沒有繼續聯絡。他積極加快調動工作的進度，放棄了一部分福利，來到國外和老婆孩子過著簡單平淡但溫暖的家庭生活。

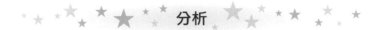

分析

　　體貼居家型人性格溫和寧靜，他們在愛情中比較被動，但是會給予對方陪伴與支持，也會樂於付出，爲愛情放棄自己一部分的生活，做出一些讓步，給人一種善解人意的感覺。

　　但是他們也會在不知不覺中累積一些不滿和幽怨的情緒，達到某一個臨界點之後就會失控，開始翻舊賬，甚至埋怨對方，說一些傷人的話，傷害彼此的感情。所以要經常注意調節自己的情緒，負面情緒是人之常情，要及時與對方溝通，不要累積到問題一發不可收拾的地步。

　　體貼居家型人期待長久永遠的愛情，感情一旦穩定，就會考慮邁入家庭，需要家庭的安定與安全感。

　　他們對待感情特別認眞，所以也期待對方對自己同樣認眞，而如果對方只是把戀愛當遊戲，那這樣對體貼居家型來說太過殘忍了，會令他們無法接受。

　　被體貼居家型愛上，是件難以脫身的事情，他們手中的巨鉗一旦夾住你，你便動彈不得，尤其是婚後。因爲他們細膩的感官，就像一條無法徹底斷開的線。

　　體貼居家型人極其重視家庭，他們希望自己的婚姻沒有第三者介入，但這樣的事情一旦發生，體貼居家型會更傾向於保留家庭。但是這不代表犯錯的一方無需付出代價，如果

出現這樣的事情，婚姻得以繼續，那麼這段婚姻關係一定會
和之前有所不同。體貼居家型會從一個被動的角色，成為主
導這個家庭的決定者。

　　背叛體貼居家型人之後，他們的變化會讓人感到驚訝。
正如故事中的巨謝謝，雖然自己之前是為家庭讓步的一方，
但是發現出軌的事情之後，巨謝謝有明顯的轉變。沒有出事
之前，巨謝謝會盡量配合老公的步調走，共同商量決定的時
候，也會多參考老公的意見，但是事情發生後，巨謝謝立刻
回國了解情況，這個時候，擁有決定權的是巨謝謝。退，是
為了家，進，也是為了家。

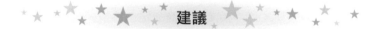

建議

　　體貼居家型人，一定要在愛情中把握退讓的分寸，有時
你的忍耐與包容會讓對方放鬆警惕，不小心就觸碰到底線，
做出傷害你們彼此的事。

　　有時候避而不談只是隱忍而已，這也是拒絕溝通的一
種。即便每次都是小事，但累積久了還是會演變成大的衝突，
因此體貼居家型人在愛情中須多多留意這一點。

　　體貼居家型人需要安全感與家的溫馨，家庭裝修風格也
要盡量溫暖一些，總是保持冷色調的房間，會讓體貼居家型
也感到有些沉悶，他們需要一個可以觸發想像的溫暖的環
境。

事業篇

　　體貼居家型的欣欣很排斥那種總是加班，完全沒有自己私人生活的工作，但學管理的她，剛畢業時，也有自己的目標與規畫，想著趁著年輕拚一下，忙點、累點都無所謂。

　　自己從小功課都在中上的水準，加上大考時考運不錯，上了一個很不錯的大學。

　　在畢業潮中，欣欣的工作機會來得很快，條件也很好。其中有一家全球前五百名的企業，工資較高，福利也佳，但也因為公司中都是精英，競爭壓力有些大，經常需要加班。

　　雖說進入這家公司，日後的發展應該會不錯，但欣欣心裡還是有些猶豫。她在實習期間就體驗過這種工作，雖然很充實，但是重複性的事務也很多，時間總是很趕，幾乎沒有什麼自己的私人時間。雖然自己現在還是單身，但她已經開始考慮到未來和成家立業之類的事情了。這種忙碌的日子，會不會讓自己忙到沒有私人時間，無法享受家庭生活？

　　有些糾結的她，最終還是選擇了這份工作，畢竟為了這種虛無的想像，而放棄一份大家羨慕的工作的話，自己日後極有可能會後悔。不管怎樣，做了才有選擇的權利。

　　欣欣進入公司後，很快就進入狀況。為了每天能夠準時打卡上班，加上常要加班到很晚，於是她在公司附近租了一間小公寓。即使在家的時間很短，她還是精心地布置自己的

房間，讓家變得更溫暖，等待與自己共度餘生組建家庭的人。

後來，她有了穩定的感情，開始談婚論嫁，家庭與工作間似乎產生了一些矛盾，兩個人的工作性質都很忙碌，走入婚姻後，如果依然保持這樣的狀態，會使夫妻兩人很疲憊，甚至可能會漸行漸遠，就算彼此的感情可以經受的住，但有了孩子以後又會是如何呢？

欣欣與未婚夫談論了這些之後，決定一定要有一個人為家庭做出讓步。雖然不是完全放棄工作，但起碼要放棄一些機會，調動或跳槽到一個時間較為寬裕，不那麼緊張的工作崗位。

於是欣欣成了這個為家庭讓步的人，她並不覺得這是犧牲，反倒覺得這樣更符合自己想要的生活狀態。因為欣欣最重視的就是家庭生活，也知道家庭的經營有時更需要智慧和能力。

最後，欣欣決定去考公務員。這種按時上下班的工作，會使彼此配合起來更輕鬆和諧，而且自己是念文組，對於記憶類的考試也比較擅長，專業比較對口，考公務員也比較有把握。雖然放棄現有的工作成績讓她有些不捨，但是她卻對家庭生活更加嚮往。

新婚後的欣欣辭掉了工作，透過每天苦讀，如願考上了當地的公務員，雖然剛開始工資不高，但是上下班時間規律，和老公感情也很好，兩人也開始準備孕育家中的新成員。

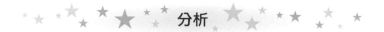

分析

　　體貼居家型人追求安定，對忙碌到沒有自己生活的工作，下意識會覺得排斥，這不是因為他們害怕挑戰，而是他們打從心底覺得待在家裡的時光十分重要，因為家就是他們的避風港、能量補給站。

　　所以，欣欣雖然因為年輕，想要挑戰自己，因而選擇了一份有前途，但是會很忙碌的工作，然而在婚姻與家庭面前，她沒有掙扎太久，就選擇了放棄現有的工作。因為她找到了更重要的東西，找到了更適合自己的工作，也找到了自己的生活節奏。

　　他們對待工作很認真，也很有耐心，很善於文字、記憶以及研究工作。同時他們也傾向於保障性強的工作。因為他們敏感的心思，總能設身處地為他人著想，因此在工作單位中總是人緣比較好，這能幫助他們工作進行順利。體貼居家型人十分重視家庭，所以家庭也是他們努力工作求上進的動力來源。他們所做的一切，都是為了讓家人們過得更好。

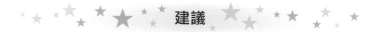

建議

　　因為喜好穩定且具保障性的工作，所以公務員對這類人來說是個不錯的選擇。雖然體貼居家型人比較情緒化，但是在一個節奏不那麼快的工作崗位上，體貼居家型人比較能夠調節自己的情緒。即便是從事重複性高的工作，也不會讓有

耐心的他們感到煩悶。

　　同時，他們天生具有藝術細胞，加上對家庭的重視，也讓他們在成為一名裝潢設計師的路上多了一些優勢。不僅為自己的家增添溫暖，同時給更多家庭溫度，這是一份會讓體貼居家型人有幸福感和成就感的工作。

　　另一方面，體貼居家型人有著超群的洞察力，這會幫助他們成為優秀的教師或心理學家，即時感受到他人內心的感受變化。總之，一份可以兼顧家庭，又不具有太多變動的工作，比較適合體貼居家型人。

體貼居家型人的星晴小事

打動體貼居家型人的小事：
從不願碰廚房的他卻因為我的一句話，開始嘗試做我最愛吃的水煮魚。

讓體貼居家型人感到幸福的小事：
不用加班，晚上悠閒地宅在家裡無所事事。

讓體貼居家型人死心的小事：
當你的規畫裡都有他的時候，卻不知道對方想的只有自己。

〈神奇的動物系人格〉

霸氣領袖型

★

獅子

成長篇

　　霸氣領袖型的小獅子是個很有想法的小朋友，從小就有「主導自己人生」的意識。

　　飯後，小獅子一家坐在電視機前看節目，這時，從樓上傳來彈鋼琴的聲音。

　　媽媽：「小獅子你聽，樓上的姊姊最近在學彈鋼琴呢，彈得很好吧？」

　　小獅子：「嗯，好聽！」

　　說著，小獅子的表情開始變得很認真，然後跑到媽媽面前說：「媽媽，我長大了，是不是也可以學點什麼？」

　　媽媽說：「可以呀，你想學什麼？」

　　小獅子：「我想學幫人做手術，學會了就可以給人治病了！」

　　媽媽驚訝地看著小獅子：「寶貝，你這個夢想長大了再去實現吧，你還小，還不能學手術呢！」

　　小獅子說：「那⋯⋯我想學開飛機，我一定開得很好，把飛機上的人都安全運到家！」

　　看著小獅子驕傲的樣子，媽媽很欣慰：「小獅子，你有這麼多偉大的夢想呀！」

　　小獅子：「媽媽，還有呢，要不⋯⋯學習造機器人也行，我發明最厲害的機器人，能陪我玩，還能保護我們，咔⋯⋯

咔⋯⋯咔⋯⋯變出各種造型！」

看著小獅子越說越激動，媽媽抱著他說：「寶貝，現在你還是個小小的小朋友，還不能做那些事情呢，我們想個簡單的吧！」

小獅子不開心：「為什麼？媽媽妳覺得我學不會嗎？」

媽媽：「當然不是啦，等小獅子長大了，想做什麼，媽媽都支持你。只是小朋友要先從小朋友的事情學起，比如唱歌、跳舞、畫畫這些，我們要一步一步地來嘛！」

小獅子想想：「好吧，那媽媽教我畫畫吧，學會畫畫我就能畫機器人啦！」

<u>即便他說錯了或者想法不現實，也要做出鼓勵和正確的引導。小獅子的控制欲，讓他希望自己處於主導的位置。</u>

週末，爸爸媽媽打算帶著小獅子去郊外玩，來到車前，小獅子卻拒絕坐在兒童安全座椅上，堅持要像爸爸媽媽一樣坐在座位上。

小獅子：「我長大了，我不需要坐安全座椅了，我可以自己坐在座位上！」

媽媽：「小獅子，媽媽知道你長大了，也是個小大人。可是坐在安全座椅是為了你的安全呀！而且這是員警叔叔的規定，再厲害的小朋友都得坐在安全座椅上，你最聽話了對不對？」

小獅子聽了以後，乖乖地坐到安全座椅上。

到了郊外，小獅子吃力地拎著一袋好吃的走在爸爸媽媽前面，走兩步便回一次頭，朝爸爸媽媽喊道：「大家不要脫隊，要跟著我走喔！」

然後又大步地往前走，累出一身汗但還是很高興。

爸爸媽媽跟在後面配合著喊道：「來啦，我們跟著你呢！」

玩累了的小獅子拉著媽媽說：「媽媽，我們開始烤肉吃吧，我餓了！爸爸，你快點生火去呀！」

小獅子邊說邊跟媽媽一起拿出準備好的所有食物，爸爸就一邊架起烤肉架。

爸爸生好了火，大家開始燒烤了。

小獅子有模有樣地放了幾個肉串，在火上翻動，可是一會兒就烤糊了，不能吃了。

媽媽：「小獅子你去等著吃吧，爸爸媽媽幫你烤！」

小獅子：「我能烤好，我自己烤！」

看小獅子這麼堅持，爸爸把自己烤的肉串放在小獅子旁邊說：「來，小獅子，爸爸教你，跟著爸爸一起烤。」

小獅子喜歡掌控感，雖然沒有做好，但是不要剝奪他的掌控權，適當的教導指引，讓他做的更好，就能增加他的自信。

小獅子跟著爸爸學，一起烤，這次果然成功了，小獅子開心地吃了起來，吃一口就鼓著掌說真好吃！

媽媽見小獅子這麼高興，對他說：「小獅子給媽媽烤一個嚐嚐吧！」

小獅子馬上又開始烤了起來，然後送給爸爸媽媽吃

飯後，小獅子和媽媽一起收拾餐具，媽媽：「小獅子，我們把東西收起來回家再洗，一會媽媽帶你去小溪邊玩水呀！」

小獅子：「不行，我們現在就要洗乾淨，太髒了不要帶回家！」

媽媽：「好吧，小獅子這麼愛乾淨，我們一會再去玩，先洗碗吧！」

在小獅子的堅持下，媽媽和小獅子一起洗乾淨了餐具。

然後一家人來到小溪邊玩水、捉蝴蝶。

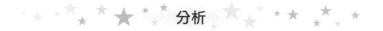

分析

霸氣領袖型寶寶的自尊心很強，個性也很倔強，一旦自尊心受到傷害，會變得高傲、固執、不服管教，尤其會跟家長、老師對著幹，透過挑戰「權威」來證明自己的地位。所以霸氣領袖型人，在童年時期一定要找到合適的方法去協調溝通，否則，可能會走很多冤枉路。

同時，霸氣領袖型的孩子們主觀意識強，不甘落後，總想做第一名，當最好的。他們有自己的目標和野心，對於當班級幹部也很有熱情，是個不折不扣的官迷，但是也容易忽視周遭人的意見，在團體中顯得有些霸道。這項特質，源於他們對地位和權力一種與生俱來的渴望。因此，適時地對他們的行為進行規範，會使霸氣領袖型寶寶比較收斂，自覺自律。

每一個霸氣領袖型人孩子都希望成為一個特別的人，一個能被人們讚美和仰望的英雄：「這個世界需要我，我是英雄」。

也許這樣的信念有些太過誇張，但對於霸氣領袖型人來說，這個信念中蘊含著生命的激情，這種存在感會讓他們感到幸福與滿足。

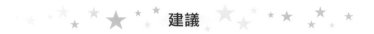

建議

霸氣領袖型的小朋友有著與生俱來的控制欲，甚至會有些霸道，很多事情他們都想親自做。

對於他們能力範圍內的事，家長的指引和讚美有助於提高他們的自信，讓他們做得更好。最好不要太強硬地去打擊霸氣領袖型寶寶，很容易出現反彈的情況，使得他們為了證明自己的地位而更加叛逆。

家長要恰到好處地維護孩子的自尊心與面子，以鼓勵為主，積極讚揚他的優點，同時側面引導，告訴他什麼是更好的方式，這會讓霸氣領袖型寶寶內心驅動力越來越強。

他們個性鮮明，性格一目了然，小小年紀就看得出有王者風範，這樣的性格如果走偏，很可能成為學校裡不服管束的「小霸王」，所以既要鼓勵他們不斷進步提升，也要教會他們理解他人，與朋友們平等溝通，告訴他們團隊的重要性，這些都是成為「領袖」的必備能力。

霸氣領袖型寶寶非常需要被稱讚和被關注，這是他們自信的來源，所以早年父母要充分滿足霸氣領袖型寶寶「求關注」的渴望，容許他炫耀自己，毫無保留地展示自己。

當他懂事一點之後，就要讓他學會在沒有關注和掌聲的情況下堅持自己。因為霸氣領袖型人非常在意別人的眼光，

想要受人矚目，所以有時會活在別人的眼光中。

要讓他知道「父母的愛和關注是永遠不變的」，但並不是每一個人都必須為你鼓掌，在沒有掌聲的時候，也要堅持真正的、獨特的自我。

另外，霸氣領袖型寶寶比較愛面子，所以在外人面前不要批評他，也不要揭他的短處，哪怕是私下溝通教育，也可以先給個甜頭，再說他的不足，告訴他怎麼做才是更好的方式，這樣他會比較能夠接受。

對於霸氣領袖型寶寶在團體中有些霸道的情況，家長可以從以下方面入手：

一、多帶孩子參加一些集體活動，比如團隊化的拓展訓練等。

二、鼓勵孩子多參加一些公益活動，幫助孩子更加理解他人。

三、可以多為霸氣領袖型寶寶提供展示自己的舞臺，滿足他們的成就感。

愛情篇

　　施令是個霸氣領袖型姑娘，大家都叫她施施。因為她總是一副大姐頭的樣子，密友們都開玩笑說，她應該姓司，叫司令才對。雖然施施知道大家在調侃自己，但怎麼說，施施覺得司令這個綽號也不錯，反正是代表領導者的意思嘛，滿好的。

　　其實施施不是個女漢子，頭一次見面的朋友都不會想到「司令」這個梗，因為施施的穿著打扮還是滿有女人味的，可是深入接觸下來，就會明白為什麼大家要叫她「司令」。

　　施施從小就是官迷，小學就當大隊長，中學當班長，大學當班代，後來在學生會當會長，反正對這些競選都很熱衷，不過也為了這些競選，沒有放鬆過自己的學習，一直都是個大學霸。這些頭銜會讓施施感到自己有一定的地位，說話有一定的份量，這讓她覺得挺過癮的。

　　一路以來，施施都是老師和家長眼中的好孩子。施施也沒有「早戀」，倒不是因為老師明令禁止，而是一直以來沒有遇到她看得上眼的人。

　　施施在學校十分優秀，不僅學習好，也因為家庭比較開明，從小培養施施各種課外興趣，即使到了高中，學業緊張，也讓施施自己決定是否放棄。所以施施是個課餘生活也十分豐富的學霸，人緣也很好。

施施情竇初開時，心中的理想對象是那種無敵學長，不只是會讀書也要會玩，看起來毫不費力，但是成績卻很好的人。直到大學，她才遇到這種人，讓她有想要征服的感覺。

一凡是施施大學的直系學長，學生會主席，同時也是校交響樂隊的小提琴手。而施施是新加入的大提琴手。所以兩個人相識的背景音樂是一曲交響樂。

一凡在施施眼裡，是發光的。她希望一凡也能看到自己的光，這讓施施想盡辦法展示自己，一切都要做到最好。

快到考試時，大家都泡在圖書館裡念書，萬一學長要上研究所或出國深造，自己都不會太被動；學生會的工作也認真地計畫，雖然自己只是個小幹事，但沒有存在感的幹事是不會和學生會主席產生交集的；樂隊當然更不能掉以輕心，畢竟那裡是和一凡離得最近的地方。

對一凡產生暗戀情愫的施施，像個停不下來的小超人一樣，雖然兩人沒有更近一步的接觸。施施只想要讓自己更好，讓他注意到自己，卻不願意主動去聯絡，搞得像自己在倒追對方一樣，而且一凡身邊總是圍繞著各種女孩。

直到某一天，一凡在社群發了一張讓人揪心肝的圖片，配圖是一個在舞臺上跳芭蕾舞的女孩。她好美，就連施施也這樣覺得。這個芭蕾女孩是一凡的新女友。

原來在他眼裡發著光的女孩是這樣。施施失落了好一陣子，本以為只要夠努力，就可以讓一凡看到自己，卻沒想到一凡早已被隔壁藝術院校的長腿女孩所吸引。看看自己與高中相差無幾的打扮，和清湯掛麵、稚氣未脫的臉，雖然簡單青春，但在大學的校園中依然像個沒長大的孩子。

　　這次的暗戀，施施雖以失敗告終，但是她意識到自己一直以來都按著自己以前的步調路線走，一點都沒有改變，而環境不斷變化，自己也在一點點長大，應該要開始像個成年人才對。

　　從那次之後，施施開始注意自己的髮型，塗一些日常提氣色的唇膏口紅，出門前也會留意搭配自己的衣服，變得越來越美，越來越有自己的風格。她的暗戀並不是失敗，而是讓自己變得更好的契機。在單身的這段時間，她不再為了某個人做什麼，而是專心讓自己變得更好。

　　後來，施施遇到不少追求者，她也試著與其中幾個交往，最後基本都以差不多的原因分手，施施太想掌控感情了。她的強勢經常讓對方無所適從，最後只能草草收場。

　　施施像個司令一樣在感情中發號施令，彼此的感情像大海中的一艘船，施施就是船長，控制著航向，想要躲避礁石，應對風浪，卻沒想過，自己竟成為了對方所要經受的風浪。

　　施施不知道哪裡出了問題，難道這不是愛嗎？為什麼航行中的風浪都還沒有來，對方卻已經退縮了呢？後來的施施，索性成為了大家心中的女強人，把感情的事放一邊，努力拚事業。

　　直到一次論壇活動上，認識了一名元姓大叔，俗話說三歲一個代溝，而這位大叔比施施大六歲，有一家自己的創業公司，小有成績，成熟並且十分有活力。又是一個人群中發光的人，這讓施施不自覺有一種征服對方的欲望，而剛好「大叔」好像也對與施施的交流格外上心。

　　這段新戀情就在大叔的熟男攻勢下開始了，這次的施施

有種前所未有的感覺，每次主動權看似在自己手中，但是又好像所有的發展都在大叔的預料之中，施施意識到了大叔才是掌控這段感情的人，可是自己卻好安心，有種可以依賴的踏實感。

　　施施與大叔一直都很合拍，並且在大叔面前好像越來越像個小女人，竟然開始撒嬌了。雖然也有爭吵，但是施施也漸漸不那麼強勢，會表達自己真正的想法，而不是為了贏。原來，內心柔軟的部分被發現、被呵護，是這樣的感覺。

★ ★ ★ 分析 ★ ★ ★ ★

霸氣領袖型人善解人意，但同時也十分想要掌控對方，個性十足，尤其在愛情裡，特別不能容忍對方對自己發號施令。

所以霸氣領袖型女生，總會被誤認為是女權主義的代表，但她們其實只是拒絕被忽視，想要被重視，希望在一段關係中擁有主動權和話語權。

一旦得到公主一般的寵愛之後，她們就會成為溫柔的小綿羊，變身為善解人意的小女人，十分可愛。如果愛上霸氣領袖型人，一定要有馴服她的能力。

霸氣領袖型人十分愛面子，在愛情裡也不例外。他們需要對方的認可與讚美，所以愛情裡，對方的誇獎對他們來說是很受用的。同時，伴侶如果在和霸氣領袖型人交往的同時還和別人勾三搭四，深夜密聊，那麼這段感情會有不小的危機。

正如故事裡的施施，學習會讓施施很有成就感，可以得到別人的認可，所以她很重視學習，在學習中也很努力。

在愛情中，她也同樣希望提高自己的能力來讓對方看到自己，發現自己，認可自己。直到發現愛情並不是學習好就可以，她意識到自己的缺點，要讓自己各個方面都越來越好，

才能變得耀眼，讓自己喜歡的人也喜歡自己。

　　這樣的拚勁使得霸氣領袖型人越來越優秀，對身邊的人要求也越來越高。因為對方如果沒有哪一方面能壓得住自己，讓霸氣領袖型人十分欣賞甚至崇拜，這段感情將會被他們完全掌控，這樣的模式不斷發展下去，感情中會滋生許多矛盾，爭吵不斷，因為這樣的感情是失衡的。

　　施施的許多感情也因為這樣而不了了之。霸氣領袖型人似乎總是霸氣地不願被「馴服」，但是在愛情中其實是在等待一個優秀到足以收服自己的人，一個能讓自己放下表面的「大女人」裝備，內心對其有依賴感，一個能讓自己那根弦放鬆下來的人。

　　施施後來遇到的大叔就是這樣的人，平等的態度中有寵溺，穩重成熟中有包容，生活中給施施支配的權力，但是自己其實才是施施內心強大的後盾，兩個人內心達成了一種平衡的默契。這也是霸氣領袖型人對愛情的期待。

建議

　　作為霸氣領袖型人的伴侶進入愛情，就要拒絕各種曖昧，不然就等著吵翻天吧，尤其是各種交友軟體都要慎用，不需要你有什麼聊天記錄的「證據」，只要有用社交軟體的動機和想法，就足以讓霸氣領袖型人對你「河東獅吼」了。

對於霸氣領袖型人來說，愛情是一種讓自己變得更好的動力，以獲得感情中重要的地位，得到對方的重視與青睞。

霸氣領袖型人在愛情中需要對方的認可，如果感覺被對方忽視，會覺得很不舒服，通過各種方式去再次證明自己，在這過程中會變得有些攻擊性，強制性。但有時候可能只是對方沒有明白你的意思，所以有效地溝通，在霸氣領袖型人的戀愛中十分重要。

霸氣領袖型人投入感情時要注意自己的情緒與態度，控制自己的攻擊性，他們很容易在吵架中說出一些激化矛盾、有口無心卻傷人的話。

驕傲是為自己的好，而不是去貶低對方。感情中雙方平等才能平衡，失衡的感情很難走得長遠。霸氣領袖型人在戀愛中總不願承認自己有錯，不管是大錯還是小錯，因為好強，所以總覺得是對方的問題。一定要正視這個問題，沒有誰是永遠的對，永遠的錯，愛情的事是兩個人的事，需要兩個人共同面對，遇到問題就解決，誰對誰錯都不重要，重要的是彼此共同為這段感情努力，才能越來越好。

事業篇

樂樂是個典型的霸氣領袖型女孩，從小就想當第一，成為大家的領導。

後來進入職場，樂樂依然是野心勃勃，不甘平庸。畢業後，樂樂進入了一家電商公司，負責運營推廣。她運氣很好，一進公司就遇到經驗豐富，能力出眾的老大來帶她，對於初入職場的小菜鳥來說，每天都有新的知識需要學習，新的技巧需要掌握，雖然很辛苦，但是樂樂卻覺得非常充實。

老大十分的公平，表現好會誇獎，表現不好也會直接指出，沒有對任何人有偏袒，所以只要被老大誇，樂樂便幹勁十足。

工作的初期，樂樂全心地投入，每天都會給自己定目標，努力完成，進步非常快，並且還帶動團隊不斷前進。老大和樂樂都因為成績突出而升職加薪，但是樂樂不再跟著老大做事，而是自己帶著小團隊，直屬上司換成了王主管。樂樂之前一直不太參與辦公室政治，只聽說王主管和上面關係很好，也擅長與各路牛鬼蛇神打交道，雖然業務能力一般，但是依然混得風生水起。

樂樂內心是有些不想換主管的，雖然老大升職，她也為他高興，但是她還是希望可以跟著老大一起打天下。

自己現在成為了一個小主管，樂樂有信心自己能勝任，

但也清楚自己還不具備獨當一面的能力，還有許多缺點要改進。可是帶著一些刻板印象面對新上司，總是又不自覺地抵觸。

　　樂樂那段時間還滿常對上司有不滿的情緒，奇怪的是，自己越不服，好像遇到的阻礙就越多。而自己的脾氣也很容易急，一言不合就對上司以下犯上。就客觀道理而言，樂樂確實不是無理取鬧，但總是會把氣氛鬧得很僵，而且事情也沒有因此而變得順利，阻力反而更多。

　　樂樂感受到了這種不適，團隊的氛圍也有一些不對，有一種潛在的負能量在干擾著大家。樂樂趁著假期找到前老大，說想要聊一聊，已經把老大當做自己的老師了。

　　老大在新位置上對樂樂的情況也有所耳聞，他對樂樂說：「所有負面的言語和事情，一定有更好的方式去解決。妳現在不僅僅是一枚螺絲釘，做好自己的事就可以，而像是一個齒輪，要帶動團隊運作。妳不信服王主管，是因為不相信他的業務能力與判斷嗎？可是妳有沒有想過他的成績又是如何做到的？只是傳聞中的和上頭關係好嗎？上頭任用他自然有他的道理，上頭看重他是因為王主管的人際交往能力的確出眾，也因為這樣，他可以將團隊效率提高，並且彌補自身業務的缺點，許多「疑難雜症」的客戶交給他，就是可以搞定。難道妳還是不服嗎？其實妳現在跟著王主管，是個學習的好機會。帶著一個學習的心跟他做事，妳會有很大的收穫。」

　　樂樂聽了這番話，突然開竅了，心態調整好之後，好像許多事情都不一樣了。他漸漸發現王主管的厲害之處就在用人，把每個人的能量都發揮出來，達到最好的效果。從此以

後，樂樂一邊學習，一邊改進自己與團隊配合的方式。

　　慢慢地，樂樂好像找到了竅門，與主管的溝通也少了許多情緒，多了一些客觀。

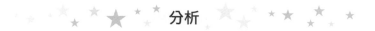

分析

霸氣領袖型人是驕傲的，有一種天生的自信與王者風範，這是一種氣場，促使他們不斷要求自己進步。他們也是爭強好勝的，所以有時容易急功近利，不惜利用一切手段，很容易變得太過主觀而忽視一些重要的關鍵點。

樂樂一進入職場便雄心勃勃，一心想要提高自己的工作能力，因為老大在業務能力方面夠強，讓樂樂一下很信服，暫時安心做一名小螺絲釘。當然，她的目標並不僅限於此，樂樂靠自己不斷地學習與實踐，獲得了晉升的機會，同時也換了上司。

這次樂樂開始不服了，她眼中的王主管是個只會辦公室政治的人，靠人際關係這些虛華不實的東西晉升。霸氣領袖型人有時候就是這麼主觀，一旦對他人產生了偏見，便拒絕其他資訊，忘記了兼聽則明。

再加上霸氣領袖型人不善於掩飾脾氣，很容易表現出一些攻擊性，和他人產生衝突。加上他們霸道的氣質，作為一個領導，很容易影響團隊的氛圍。

老大的一番話點醒了樂樂，這其中很重要的原因也是她對老大很信服，才願意仔細理解老大所說的話。在領悟王主管的優勢所在與自己的短處之後，她才改變自己的態度。霸氣領袖型人總是相信自己感受到的東西，想要改變他們就要

讓他們從本質相信、從內心接受,尤其在職場上,只有出色的能力才能讓霸氣領袖型人心服口服。

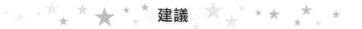

建議

霸氣領袖型人充滿自信,有與生俱來的領導力,是天生的王者,但另一方面,也要他們不自覺間會表現出想要支配別人的傾向。

太過自信,會使擁有決策權的霸氣領袖型人抉擇時太過武斷,忽略他人的重要意見。所以他們成為領導要注重集思廣益,發揮團隊的力量,以達到最優的效果和最高的效率。在人際交往上,也要注意不要讓這種驕傲成為傲慢,注意把握尺度。

霸氣領袖型人在職場十分好強,對權力與地位有著不小的追求,所以霸氣領袖型人適合晉升管道通暢的公司,並且一定要是他們喜歡的工作內容,不然會使霸氣領袖型人很痛苦,因為他們對於工作與生活有時無法分得很清。

太過主觀,就容易忽略客觀。霸氣領袖型人最好有一個對未來職場發展大的目標,並且不要太功利性,不然在追求單一目標的過程中,他們會容易忽略過程,只看結果。容易變得只看重短期的優勢與利益,卻失去了長遠的籌碼。

霸氣領袖型人的星晴小事

打動霸氣領袖型人的小事：

他看穿了我霸道後的脆弱，卻依然保護著我的自尊。

讓霸氣領袖型人感到幸福的小事：

家裡的盆栽開了小花。

讓霸氣領袖型人死心的小事：

情人堅定地說會給自己一個更好的未來，但卻從來沒有計畫也沒有行動。

完美細緻型

★

獨角獸

成長篇

　　<u>完美細緻型人追求完美，充滿治癒的力量，獨角獸系寶</u><u>寶囡囡是個有強迫症和潔癖的小朋友。</u>

　　一天，媽媽準備做晚飯，囡囡跑到廚房：「媽媽，我來幫妳吧！」

　　媽媽想了一下：「好啊，囡囡幫媽媽準備豆角吧，像媽媽這樣，把豆角兩頭尖尖的部分掐掉，然後放在盆子裡洗乾淨。」

　　囡囡認真的跟著媽媽做，然後說：「好的，媽媽，我會了」

　　然後囡囡媽媽就去準備其他的食材，囡囡自己在清理豆角……

　　媽媽忙了半天，準備得差不多了，然後來到囡囡身邊，驚訝地發現囡囡才弄好一半，還看到囡囡細心又認真的把豆角按照長短分開擺在盆子裡，隔一會手髒了的時候還要擦擦手再繼續。

　　囡囡媽媽：「囡囡，為什麼要這麼仔細的排列這些豆角呢？」

　　囡囡：「不這麼排太亂了，又不好看……」

　　<u>有時囡囡的強迫症和潔癖會導致浪費時間、精力，家長</u><u>應及時讓他意識到。</u>

　　媽媽：「可是一會洗菜和做菜的時候也會弄亂，這樣擺

放也沒有意義呀，而且還很浪費時間。」

囡囡想了想：「不用擺嗎？」

媽媽搖搖頭：「不用的。」

囡囡點頭：「好吧。」

媽媽：「囡囡，手髒了也沒關係，我們把這些豆角都準備好，洗好了，妳再去洗手就好啦！不然妳擦乾淨了，再繼續掐豆角的時候，手還是會髒的，這些都會浪費時間的對不對？」

囡囡看看髒髒的小手，不大情願地答應了。

媽媽和囡囡一起做好了準備，媽媽摸摸囡囡的頭：「囡囡妳看，我們是不是快了很多，妳看妳做的也很好呀！」

囡囡開心地點頭，然後媽媽便開始做飯了，這時，囡囡聽到爸爸回來了。

囡囡很愛乾淨也很勤勞，看到爸爸的鞋子髒了，便為他擦得乾乾淨淨。

囡囡高興的跑到門口迎接爸爸，囡囡指著爸爸的鞋子：「爸爸，你的鞋濕了。」

爸爸低頭看了看：「是啊，外面下雨了。」

囡囡拿起爸爸的鞋子便開始給爸爸擦鞋，擦得又乾淨又亮，囡囡把爸爸拉過來看她擦的鞋，爸爸親了囡囡一口說：「囡囡真棒，比爸爸擦得還乾淨！」

在得到爸爸的表揚和認可後，囡囡會更有動力。

聽到爸爸的表揚，囡囡特別開心。然後看了看媽媽的鞋子和自己的鞋子，囡囡更起勁兒地擦了起來。

爸爸坐在沙發上，囡囡拿了一張紙和一個本子，坐在爸爸身邊。

囡囡對爸爸說：「爸爸，我學會寫數字了！」

爸爸看著囡囡說：「是嗎，囡囡最近進步好多啊，寫給爸爸看看吧！」

囡囡認真的在紙上寫了一行「1」，然後又開始寫「2」，可是，很奇怪的是，囡囡寫的「2」都擠在一起，越寫越緊湊，然後囡囡還一臉糾結的表情，然後跑去拿來一塊橡皮，囡囡捂住了爸爸的眼睛說：「爸爸我要重新寫，你別看。」

爸爸問：「為什麼呀囡囡？寫的很好啊！」

囡囡指著紙上的數字：「1寫的太近了，2寫不下，和上面的1對不齊了！」

囡囡爸爸說：「沒關係呀囡囡，不用對齊，1本來就很細，所以對不齊也是正常的，只要每個數字都寫好就可以啦。」

囡囡的完美主義讓她總是希望一切都「很有序」，整整齊齊，家長應告訴她，只要認真做，就是最好的了。

囡囡糾結地看著這些數字說：「爸爸，那我把2都擦掉重寫吧，都擠在一起了……」

爸爸說：「對呀，擦掉2就好啦！」

囡囡便擦掉了「2」，又認真地寫了一遍，寫好以後再拿給爸爸看。

爸爸看著囡囡寫的整齊的數字說：「嗯，囡囡寫得真好！」

囡囡看了看，也覺得很滿意，然後跑去廚房，拿給媽媽看，媽媽誇獎了囡囡：「囡囡寫得比昨天還好啦！真棒！」

囡囡開心極了，然後幫媽媽把桌子上的碗筷都擺得整整齊齊，準備吃飯。

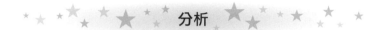

分析

完美細緻型的小朋友天生自尊心超強,什麼事都想要做到完美,這使得小完美細緻型人對自我要求很高,但是有時會太過鑽牛角尖了,就像故事中的囡囡,1 和 2 本身寬度就不同,完全對齊是不可能的,如果堅持要達到這個自己設定的「完美標準」,囡囡會一直受挫,找不到問題,鑽牛角尖過不去。包括強迫症與潔癖,都要控制在一定程度內,而不是任由她走向一個極端。

尤其童年階段,是一個孩子構建自己的世界觀價值觀的階段,對未來的自己有深刻且重要的影響。固執,執著都是完美細緻型人的一個特徵,如果這一特質發揮到極致,會使完美細緻型人成長後,尤其在感情方面,感到十分疲憊。

完美細緻型寶寶一般比較乖巧聽話,願意遵守規則,不會肆無忌憚地淘氣。雖然對細節很在意,有時有點強迫症,但也是十二型人中對自己要求最高,最具有自省能力的孩子。他們也很少自恃聰明而不努力。瘋玩一個暑假、把功課堆在最後兩天完成,往往也不是完美細緻型人的作風。

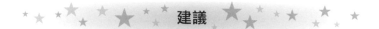

建議

　　完美細緻型寶寶有完美主義，強迫症傾向讓他們總是希望所有事情都很有序、很整齊，家長應讓他們意識到，很多時候並不需要做到完美，只要努力認真做就是最好的！

　　完美細緻型的小朋友都比較聽話，也很聰明，因此要盡量用溫柔的方式溝通，少用嚴厲的語言批評，更不要當著其他人的面，公開指責他們。

　　完美細緻型寶寶很少會直接表達深層需求，但是如果缺少父母對愛的肢體表達與語言表達，會影響到他們未來的人際相處方式，使他們缺少安全感。

　　他們特別需要他人的肯定，卻總是害羞，不善於直接表達，有些早熟的傾向，所以不要因為他們只是孩子，就忽略他們的內心需要。

　　完美細緻型寶寶需要一個足夠敏感的媽媽，要能覺察到他內心的感受和情緒，因為完美細緻型孩子經常默不作聲地觀察周遭，但只要你試著跟他們交流，就會發現他們能關注到大人注意不到的細節，而且內心的想法也比表現出來的要多得多。

　　最重要的是，完美細緻型寶寶不喜歡被批評，因為只要做錯了事，他們肯定會第一時間先責備自己，並且銘記下次

再也不這麼做了，如果大人再嚴格批評他，就會打擊他的自信心。家長可以從以下方面鼓勵並規範孩子的行為：

一、父母需要鼓勵小完美細緻型人，讓他多關注自己的優點和進步的地方，而不是自己的缺點。但是這種鼓勵和表揚必須有理有據，因為完美細緻型人不喜歡吹捧和空洞的表揚（比如「你真是太棒了！」）他會懷疑大人在說假話，或者在客套，不是真心的。他需要的讚美是恰到好處的，比如「今天上課你的注意力非常集中。」、「會幫媽媽洗碗，真不錯。」這種具體的表揚能讓他們更有自信，也能潛移默化地教會他如何讚美他人。

二、鼓勵孩子寫日記，學習如何表達自己。

三、設立合理的家規，可以有效規範這類孩子的行為。

愛情篇

　　純純，一個完美細緻型的女生，她的完美細緻型特質在感情裡特別明顯，卻一點也不自知。她的情史並不豐富，雖然初戀開始於高中，但直到大學畢業之後，仍糾結於同一段戀情。

　　純純從小異性緣不錯，從國中開始就有許多好的異性朋友，雖然那時候還不流行「男閨蜜」，而是稱之為「好哥們兒」。純純那時候相信異性間當然會存在純友誼，對於這些好哥們兒可真的只有兄弟情，她也相信這些好兄弟對自己也同樣純潔簡單。但後來，純純無一例外地被打臉了。

　　純純的初戀是從高二開始的，那個男孩叫天翼，是純純隔壁班的「混世魔王」，總被老師安排在講臺旁邊的「特別座」。他對純純的一見鍾情也是從這個「特別座」開始。

　　那天純純來天翼所在的班級找閨蜜一起上廁所，班上吵吵鬧鬧，閨蜜根本沒聽見純純的聲音，純純就逮著坐在門口的天翼，請他幫忙叫一下自己的閨蜜。也不知道怎麼回事兒，天翼從那以後期待著純純來找人，雖然他還不知道純純叫什麼名字。純純不來，天翼就在樓道裡晃來晃去，恨不得在女廁所門口守著，然後發現原來純純就在自己隔壁班。

　　幾次有預謀的「邂逅」之後，天翼確定自己真的喜歡純純，便開始打聽，毫不掩飾自己的意圖。有了各路朋友的幫

忙，純純和天翼很快正式認識了。當然這時候的純純還不知道天翼的心思，但兩人相處得很愉快，很快地熟悉起來。

王超是純純的好哥們兒之一，國中就成為了好哥們兒，高中又和純純分到了一個班，旁邊的人都覺得他喜歡純純，可是純純就不信，安心享受著王超對自己的好，這種關係一直保持著一種平衡，直到天翼的出現，打破了這種平衡。

王超覺得自己的心意，純純多少也能感覺到吧，為什麼突然和天翼走的那麼近？表面上王超和天翼沒有交集，其實早已暗流湧動。王超不再澄清其他人私下裡說的有關王超與純純的流言蜚語，甚至還希望說的人多一些，有種「宣示主權」的意思。

純純與王超的傳聞很快傳到了天翼耳朵裡，這時候的天翼和純純剛剛發展出曖昧的情愫，天翼以為王超真的和純純是不一樣的關係，關心則亂，天翼沒有去問純純，也沒有準備放棄，而是直接去找王超單挑。

在這個年少輕狂的年紀，這場為了一個女孩的單挑差點升級為兩個班級男生的對壘。好在純純及時趕到，澄清了誤會，跟天翼說，王超和自己只是好朋友而已。雖然純純明明覺得突然被這麼多人圍觀搞得很難堪，覺得天翼很幼稚，自己完全沒必要向他解釋，可是還是和天翼解釋了，心裡還莫名地有些小開心，原來自己第一眼喜歡上的人也喜歡自己。

從那之後，王超很明顯對純純與天翼很在意，多次暗示純純。那時的純純還覺得友情大過天，顧忌著王超。純純有些躲著天翼，以為對天翼冷落一點他能消停一些，畢竟要打架這事兒早已被八卦小分隊們傳播到了整個年級。卻沒想到，

天翼沒過幾天就又來了一個公開告白。

那天，純純在班裡當值日生，就聽見門口有吵吵鬧鬧的起鬨聲音，一群明顯看熱鬧的小夥子們拱著天翼來了，天翼抱著一包零食和水果走進了純純所在的班級，當著所有人的面向純純表白。

王超目睹了這一切，純純也感受到了王超異樣的目光在盯著自己，覺得所有人都在看好戲，當下不知道該怎麼辦，就冷著臉拒絕了天翼。天翼帶著尷尬的笑容對純純說：「那吃的妳留著吧，當我什麼都沒說。」然後就轉身走了。

純純也不知道自己怎麼了，其實對天翼是有不一樣的感覺的，可是當時的自己就是覺得猶豫了，在那麼多人的注視下覺得難堪，沒有答應的衝動。

她以為之後天翼不會再理她了，想到這裡，純純不禁有些失落。

放學的時候，看到在校門口等人的天翼，自己不知道還該不該打招呼，只好低著頭假裝沒看見，路過門口時，卻被撞了一下，抬頭一看是天翼：「走，送妳回家。」

已經拒絕過天翼一次的純純，發現自己無法再次拒絕他，便默認了繼續往家走。一路上，兩個人都沒怎麼說話，只是到家時，天翼從書包裡拿出一塊小蛋糕，說是給純純當宵夜，把蛋糕放在純純手裡轉身就走，沒有給純純拒絕的機會。

看著天翼的背影，純純突然想起兩個人從認識到現在，好像總能看到這樣的背影，不多說什麼，卻總把自己愛吃的塞到自己手中。第二天早晨，天翼又準時出現在自己家社區門口，抱著還熱呼呼的早餐等著純純一起去學校。

後來，天翼每天如此，雖然告白被拒絕了，卻假裝被接受了一樣，像純純男朋友一樣接送她上學放學。純純也默許了這樣的安排，天翼每天在班門口等純純下課，純純也沒有說什麼。面對周圍朋友的追問，純純沒有承認但也沒有否認，就說一句不知道。

天翼早已在純純身邊用零食收買了內線，聽說純純沒有否認，整個人都要跳起來了，就像純純承認了一樣。當天放學後，天翼像往常一樣送純純回家，路上小心翼翼地試探純純，在過馬路的時候拉起純純的手，純純下意識地抽了一下手，但猶豫了一下之後抓緊了天翼。

從這天開始，兩個人正式在一起了。天翼什麼都好，就是功課不好，兩個人已經進入高三，升學的壓力每個人都感受得到。

純純在這種壓力之下感到有些緊張，而天翼仍然是一副吊兒郎噹的樣子，每天都圍著純純轉，雖然兩個人在一起相處特別開心，但這樣的戀情好像已經影響到了純純的學習。

天翼一切都以純純為主，純純學習，天翼絕對不打擾，可是如果純純主動來跟天翼聊天，天翼總是無法拒絕，而且自己學習不好，也幫不上什麼忙，督促純純學習一點說服力都沒有。

純純慢慢覺得天翼不求上進，兩個人沒有未來，每次問他大學想去哪個城市，天翼都說純純去哪兒他就去哪兒。怎麼看起來挺爺們兒的人，這麼沒主意呢？不像亦辰。

亦辰和純純相識於網球社，亦辰是經常參加正規網球比賽的大神，純純是個普通的初學者，兩人同一個學校不同班

級。亦辰還是個學霸，兩個人在一次志願者活動中剛好分到同一組。

在純純眼裡，亦辰是有光環的，功課好，各方面的能力都強，有目標，對未來又有明確的規畫，而且有很強的自制力，這是純純沒有的。

大掃除的時候，純純和天翼在操場偷懶，碰到亦辰，說他要去圖書館自習，純純一愣，突然覺得如果身邊的人是亦辰這樣的人，自己才會在學習上有所進步，才能給自己學習的動力，而不是把對學習吊兒郎噹的態度傳染給自己。

她開始對這段感情猶豫，天翼和自己能有一個理想的未來嗎？純純還沒有想清楚這個問題，但是內心已經向學霸亦辰靠近，活動時間也鑽進圖書館，有不會的問題去找亦辰問，而天翼也不能說什麼。

天翼答應了純純要好好學習，可是自己已經放棄自己好久了，突然好好學習也不知該從何入手，更不知道能幫純純什麼。而且，大考對自己到底有多重要，其實自己也沒感受到，只是想和純純在一個城市而已，家裡人也沒有給他太多壓力，幫他尋找著出國等其他出路。

天翼的父母知道純純的存在，天翼從來不在家人面前藏著，恨不得跟全家大大方方地介紹純純。家裡人也見過純純幾次，看到天翼因為純純變得積極很多，也就默許了兩人的關係。

但天翼卻隱約覺得純純好像對自己越來越冷淡，總是對自己有些不滿。以為只是純純考試壓力大，沒有多說什麼，只是每天照常給純純買最新鮮的水果，即使自己會過敏；在

純純隨時需要自己的時候出現在她身邊。

　　純純知道天翼對自己好，卻覺得他一直圍著自己轉，根本沒有考慮過未來，自己也總不自覺地去留意亦辰。每次和亦辰聊天，結尾都是亦辰說：「我要自習了，妳也學習吧！」，這讓純純覺得自己被帶動學習，更加覺得亦辰的好。

　　純純考慮了一段時間，終於和天翼說了分手，天翼當然無法接受，拚命挽留，純純也心軟，便說了先分開一段時間，等大考完再說。

　　分手後的純純更加靠近亦辰，借書不再去找隔壁班的天翼，而是跑到和自己隔著兩層樓的亦辰那裡去借，這件事剛好讓天翼碰上，才知道純純想要分手的真正原因，感到真心錯付的痛。

　　夏日炎炎，大考結束，純純約亦辰一起去看電影，碰到了兩人都認識的女生朋友，打了招呼，純純雖然也有些不好意思，但是還是挺開心的，而亦辰卻在碰到共同的朋友時特別的回避和抗拒，一臉的尷尬，好像想要解釋什麼。

　　純純有種不對勁的感覺，但又說不上為什麼。成績出來之後，亦辰發揮很好，選擇去南方一所財經類高校，而純純雖然發揮也不錯，但從分數上來說和亦辰差著一大截，可依然還是選擇了和亦辰同一個城市，即使她曾堅定地跟天翼說她想去北京。

　　雖然亦辰對兩個人的關係從未說過什麼超過友情的話，可純純還是抱著大學之後可以在一起的希望。

　　後來，純純發現當時自己的選擇太過衝動了，亦辰對自己沒有任何表示，當然也感受不到重視，那次看電影之後亦

辰回去立刻跟偶遇的那個女生私信解釋說:「我和純純只是普通朋友,別誤會。」後知後覺的純純才發現自己一直都是一廂情願,還把當初對自己那麼好的天翼推得那麼遠。

　　正在純純想明白了誰才是真的對自己好的時候,想要回頭找天翼,卻知道天翼有了新的戀情。她不知道天翼已經知道自己變了心,還有些生氣,原來太美的承諾真的是因為太年輕。

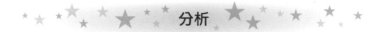

分析

完美細緻型人在愛情裡總是追求完美，可愛情是個無法評分、沒有標準的東西，所以有時候總是對身邊的人要求太高。其實天翼是純純的理想型戀人，可是純純總是愛拿天翼跟別人比較，人無完人，學習成績是天翼的罩門，尤其與亦辰相比之後，她覺得天翼沒有未來，沒有目標。

可是純純沒有看到亦辰心中根本沒有自己，對自己來說，亦辰只是學習好，僅此而已。而隨著成長，未來可能才會發覺成績對於評價一個人來說並沒有那麼重要，尤其是在感情中，雖然每個人生階段，可能看重不同的東西，這很正常，但是完美細緻型人有時太過偏執，發現對方劣勢時，會將眼睛聚焦於這一點，不斷放大，忽視了對方的好。

其實愛一個人不僅僅是愛他的優點，也需要包容他的缺點。所以完美細緻型人在別人眼中總是一個挑剔的形象，好像總找不到那個滿意的人，直到錯過才發覺無法回頭。

完美細緻型人是固執的，在感情裡也一樣，認準的事別人怎麼勸都沒有用。他們有時的完美其實是自己為自己編織的謊言。純純一直以來的異性好友不少，哪怕周圍的人都看出來對方的情誼不一般，可是跟純純說再多次都沒用，依然不會相信，或者假裝這些都不存在，不去調整彼此的距離。

完美細緻型人很好強，什麼都想要最好的，但這在感情

中很容易發展為不珍惜。這類人是穩定型人的一員，在愛情中，會很重視現實的因素。在學生時代，成績是她們考量的因素，因為成績對應的就是未來的工作與能力。

在走出校園後，完美細緻型人在愛情中會去衡量對方的物質條件，因為這是完美細緻型人內心需要的一份安全感。

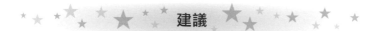

建議

完美細緻型人，在愛情中要注意，不要被一些框架或他人的看法給束縛住，雖然他們總是表現地泰然自若，但其實有顆緊張敏感的心，會因為不夠完美而感到害怕。他們需要誠信可靠的伴侶，不能忍受方向不明的人生，所以需要穩重成熟的另一半，來尋找安全感，以及對生活有把握的主控感。

對於感情，完美細緻型人有時太過緊張了，甚至有些苛求，苛求對方，苛求自己。其實不妨調整到一個比較放鬆的心態來迎接感情，希望越大，失望越大。你要追尋的是一個舒服的長久的感情，不是別人眼裡的滿分愛情。去為愛情設立各種各樣的標準，不如聽聽自己內心的感覺，感受到愛才是最重要的。

作為完美細緻型人的伴侶，要讓他們明白別人的目光並不能決定自己的幸福與否，及時地與他溝通、了解他的想法，通過言語與行動給完美細緻型人十足的安全感。

事業篇

　　阿龐是一名經濟分析師，完美細緻型人的他，當初選擇經濟學這個專業，一方面是因為自己成績夠，可以上不錯的財經學校，另一方面是覺得經濟學畢業找的工作工資高。

　　工作就是為了賺錢，他從青春期就這麼認為，也沒抱持太多理想，簡單又直接。沒想到歪打正著，本科期間學習的課程，阿龐都很感興趣，他覺得分析資料是很有意思的事情。看起來亂七八糟的數字，竟然藏著各種資訊。因為興趣所在，阿龐的成績也一直不錯。

　　一路順風順水的阿龐，畢業後進入了一家證券公司做專員，他的細心與耐心得到主管的認可，但是自己工作了一年，卻沒有什麼突破。阿龐對很多細節比較敏感，做事認真，可是周圍的同事都是名校或留洋碩士，想要晉升需要激烈的競爭。

　　曾經以為兩年的工作經驗，可以敵過兩年的研究生學歷，卻在實踐中發現自己技藝不精，使得自己十分被動，便萌生了重新深造，往上攻讀研究所的想法。

　　在搜集各種資料，確定自己的目標院校和專業方向之後，他辭掉了工作，全身心投入到考試中。

　　這一年的工作經驗，對他的複習準備很有幫助，他發現考試越來越側重實踐性，許多問題他都在工作中遇到過，所

以進入狀態很快,並且利用自己分析資料的能力應用於歷屆考題上,很快便搞清楚該校的出題路線。

而且這一年工資不錯,還很忙沒時間花錢,攢下的錢夠自己備考期間的開銷,這也是阿龐比較乾脆地做這個決定的一個原因。雖然每每想到如果沒有考上的話,就相當於放棄了之前擁有的,相當於在同樣一條路上重新來過,就會有些懷疑自己的決定,自己真的能接受這樣的結果嗎?但阿龐只能盡量不去想這個結果,將全部精力投入到複習中。

因為複習時間緊迫,上考場時,阿龐覺得自己其實能夠表現更好才對。在焦急地等待成績過程中,阿龐一邊準備自己的簡歷,如果沒有考上便馬上去投簡歷找工作,另一邊在準備著複試的考試內容,希望自己能進入複試抓住機會。

最後成績發佈,阿龐以高出五分的成績低空飛過,雖然有點驚險,但好在獲得了複試的資格,只是複試的壓力更大了。

後來,阿龐靠著細緻專業的分析能力和多個項目的實踐經驗,被該校錄取,重回校園生活。

這次的阿龐,更加清楚自己要什麼,選擇的導師也是當初搜集了各種資料才確定的,並不是照本宣科地學習,而是主動地向導師學習更多。他的研究生學習變得比本科更加積極。

再一次畢業後,阿龐雖然也是進入一家新的公司從頭開始,但是工作狀態已經不一樣了,方向明確,幹勁十足。

分析

完美細緻型人對細節十分敏感，並且完美主義驅使他們要做到最好，完善每一個細節，分析能力較強，對自己的要求也很高。也因此他們有充足的知識儲備與批判能力。

在工作上，好學勤奮，通過不斷的學習來充實提高自己，做的多說的少。阿龐在感知到自己能力有限開始原地踏步的時候，便轉向繼續深造，放棄工作。

完美細緻型人注重經濟基礎，所以目標明確，在選擇工作時主要從薪資來考慮。阿龐的職業規劃中，收入是重要的衡量指標，他們也在不斷地思考，對自己的要求越來越高，想要把每件事都做到完美。尤其是當目標明確的時候，他們會充滿幹勁，不斷向前努力。

建議

完美細緻型人很適合做一些分析、細緻的工作，內斂、謹慎的性格可以勝任幕僚、助理祕書等職務。

講求完美，喜歡挑剔，這些特點也對評論工作有幫助，並且善於溝通，可以從事新聞評論相關工作。在工作中，要注意細節，但不要鑽牛角尖，試著用更廣的視野看問題，會有不同的收穫。

同時，完美細緻型人格外看重秩序，在事業上也單純地
想要做好工作中的每一項任務，甚至有時候會給自己過大的
壓力，精神極度緊張而導致情緒出問題，需要調節，心大一
些，你已經很用心了，調整好自己的情緒，你可以走得更遠。

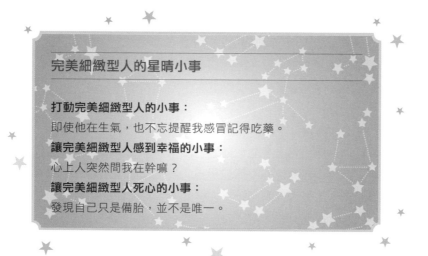

完美細緻型人的星晴小事

打動完美細緻型人的小事：
即使他在生氣，也不忘提醒我感冒記得吃藥。

讓完美細緻型人感到幸福的小事：
心上人突然問我在幹嘛？

讓完美細緻型人死心的小事：
發現自己只是備胎，並不是唯一。

〈神奇的動物系人格〉

平衡社交型

★

喵星人

成長篇

　　喵星人系寶寶追求美感與平衡感，就像平衡社交型的柳丁，她是個多才多藝的小朋友，特別喜歡表現自己。

　　柳丁從小就喜歡唱歌跳舞，很小的時候在商場聽到音樂，都會跟著哼唱，有時甚至手舞足蹈地動起來。

　　媽媽說：「柳丁，既然你這麼喜歡唱歌跳舞，那媽媽就送你去學習吧！」

　　柳丁開心地跳起來：「好哇好哇，太棒啦！」

　　於是柳丁媽媽給柳丁找了一個兒童學習唱歌跳舞的學校。

　　柳丁已經學了三天，有一天，媽媽說：「柳丁，看你學得這麼起勁，今天給爸爸媽媽表演一下吧！」

　　柳丁興高采烈的站在爸爸媽媽面前準備表演，可是剛開口唱了兩句就忘詞了，於是很沮喪地跑到了一邊。

　　媽媽說：「柳丁，繼續呀，回來。」

　　柳丁說：「不行啊，媽媽，我還沒記熟呢，表演不好，等我再學兩天。」

　　媽媽：「柳丁，沒關係的，你唱得很好聽啊，跳得也很美，誰說一定要分毫不差才算表現好？只要柳丁用心學了，認真去表演就是最棒的！再試試看吧！」

　　柳丁看著媽媽點了點頭，又認真地唱跳了起來！

　　爸爸媽媽為柳丁鼓掌，抱著柳丁親了兩口說：「看，這次柳丁表演得很棒了吧！」柳丁臉上又顯現了開心的笑容！歡快的跳起來！

　　柳丁喜歡表現卻怕出錯，父母的鼓勵會增加他的信心。

　　明天是柳丁奶奶的生日，爸爸和媽媽正在商量給奶奶訂蛋糕的事，柳丁聽到了，拿起紙和筆畫起了蛋糕。

　　第二天早上，柳丁拿到爸爸媽媽面前：「這是我幫奶奶設計的蛋糕，好看嗎？」

　　媽媽接過柳丁的畫和爸爸一起看：「柳丁，你真棒，居然會設計蛋糕了！」

　　柳丁高興極了：「那我們給奶奶做這樣的蛋糕好嗎？」

　　媽媽說：柳丁，「我們已經給奶奶訂好蛋糕啦，這樣吧，你在這幅畫上再添些畫，當作禮物送給奶奶好嗎？」

　　柳丁點點頭邊跑邊說：「那我去畫畫啦！」

　　柳丁很有藝術天分，樂於表現，父母應該給予更多表現機會。

　　來到奶奶家，柳丁衝進屋子，坐到奶奶懷裡：「奶奶，生日快樂，這是我送您的生日禮物！」

　　奶奶接過畫，高興地摟著柳丁：「柳丁越來越厲害了，長大能當畫家了！」

　　柳丁開心地說：「我能當畫家啦，我能當畫家啦！」

　　鼓勵和誇獎讓孩子更有信心。

　　吃飯時，爸爸說：「柳丁，你給爺爺奶奶跳個舞吧！就跳你新學的那段。」

　　柳丁站在大家面前：「我還沒學會呢，不會跳的地方我

就亂跳啦！」

奶奶：「柳丁隨便跳，跳什麼奶奶都愛看。」

於是柳丁歡快地跳起了舞。跳完了，柳丁笑說：「你們知道嗎，剛才好多動作都是我亂編的，哈哈！」

媽媽：「柳丁又進步了，上次不會跳就不跳了，這次學會自編自舞了，跳得真好！」

<u>在父母的鼓勵下，柳丁知道了用心去做就好，即便遇到問題，也要堅持！</u>

柳丁很在意父母的情緒，爸爸媽媽因為一些瑣事爭吵時，柳丁總是非常著急，但是不知該做些什麼，尤其在爸爸媽媽因為柳丁的事情而意見不統一的時候，柳丁會感到很自責，一個人躲到房間裡哭。得知柳丁的敏感與自責，柳丁的爸爸媽媽意識到了家庭爭吵對孩子心理發展的影響，漸漸改變夫妻間的溝通方式，即使意見不統一，也會協商解決，不再當著孩子的面爭吵。

柳丁追求和諧，不喜歡爭吵，也不喜歡父母吵架，家庭的爭吵讓柳丁感到不安，同時封閉自己。家長要鼓勵他們表達自己的想法，激發他們的行動力。

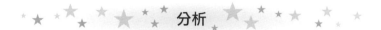

分析

平衡社交型人是一個與美感、和諧密切相關的群體，小平衡社交型人也不例外，會喜歡美的東西，對藝術有著天然的興趣，也知道怎樣把美的一面表現出來。這種美並不一定是長得漂亮，比較像是一種和諧感和優雅感。

因為小平衡社交型人很在乎別人的看法，當他有了想法時，馬上也會跳出另一個念頭：「別人會怎麼想？我這樣做，老師會喜歡嗎？爸爸媽媽會高興嗎？」這點有利於結交朋友，以及平衡與周圍人的關係。

柳丁在奶奶過生日時，會想要給奶奶畫一幅畫作為禮物，表達自己的祝福，這時的寶寶需要得到家長的肯定與鼓勵，就像柳丁在跳舞之後被家人稱讚。他們喜歡表現，但是有時會因為害怕受到批評而退縮，但是得到鼓勵後，就會像柳丁一樣更加努力，敢於表現。

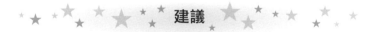

建議

平衡社交型人很乖巧，通情達理，也懂得換位思考，特別會察顏觀色，所以一般都很討老師喜歡，跟小朋友的關係也不錯。

但在童年時期，父母需要關心平衡社交型寶寶在學校的夥伴關係，因為他們不喜歡當面撕破臉，會有幾次對同伴或

老師內心生氣卻忍氣吞聲的經歷。這類寶寶抱怨最多的臺詞，可能就是：「這不公平。」

善於換位思考的孩子，難免會較少堅持自己的想法，個人領導力和創造力會受到限制，所以父母需要多鼓勵他們去表現自己，激勵他們去表達自己真實的想法。

可以鼓勵寶寶多參加一些比賽，讓他們感受到公平。

在童年時期，父母不妨多挖掘一下他們的興趣愛好，讓他們接觸一些繪畫，音樂舞蹈或者社交禮儀等。

平衡社交型寶寶是很樂於讓自己變得更有魅力的，當他發現自己的學習成果讓自己變得更受歡迎時，動力也就會更足。

在情感層面，父母需要給孩子及時的疏導：「如果別人的做法讓你覺得不高興，你可以提出來，和別人討論。」這樣的鼓勵對於平衡社交型寶寶也很必要，不然，他們很可能會隱忍過多、不懂拒絕、不能爭取必要的利益。

愛情篇

　　<u>喵星人系的人，在愛情裡比較懂得與另一半溝通與交流，但搖擺的心常常自己也無法掌控。</u>程天就是這樣一個平衡社交型人。

　　平衡社交型的程天從小就是個美人兒，在別的孩子還不知道自己穿得美不美的時候，程天已經開始對衣著有自己的主見了，還會要求搭配同色系的帽子或配飾。

　　不過程天想法很多，意見卻不堅定，媽媽稍微勸兩句就改變主意了。程天一直以來對媽媽還挺依賴的，什麼事都想問問媽媽再做決定，自己獨自面對時總是特別糾結。

　　程天人緣一直很好，朋友多，她不喜歡自己待著，更不喜歡自己吃飯、看電影，也很樂於與各種各樣的人打交道。面對自己喜歡的人也喜歡從朋友做起，成為好朋友後，再決定是否繼續發展，因為她不能很快地確定自己的心意，總是在有好感和真喜歡中猶豫不決，那就選擇以朋友先相處著，給自己更多的時間去判斷。

　　程天和許飛就以這樣戀人未滿的好朋友狀態糾纏了三、四年。程天和許飛是高中校友，但高中時因為不同班，彼此只有見過面，雙方並不認識。

　　畢業後，本來沒有任何交集的兩個人，剛好在同一個駕訓班練習，高中剛畢業半年，假期再偶遇校友，雙方都感到

十分親切，兩個人對視一眼後，許飛便主動過來打了招呼。

雖然在校期間兩個人並不認識，但這次見面兩人卻聊得十分投緣，彼此留了微信。剛開始幾天，因為每天都在駕訓班見面，白天見面聊，晚上也一直聊有關學車的事、高中的事，各自大學裡的趣事，以及各自的感情經歷，互相開導等。

漸漸地，兩個人的聊天似乎成為了一種習慣，即便沒有什麼特別的事，也會習慣性地問對方一句：「在幹嘛啊？」。

這種狀態一直延續到他們大學畢業。在大學期間，程天交了兩任男朋友，都只維持了幾個月，臨到畢業，又恢復成單身貴族。而許飛整個大學都還沉浸在等待初戀女友的狀態中，沒有新的感情發展。而兩個人的聯繫一直沒有斷，雖然不在同一個城市，也很少見面，卻是最了解彼此的人。程天有了新男友會跟許飛說，想要分手也會問問許飛該怎麼辦，許飛總是耐心地幫她分析，說：「如果妳真的想好了，就別拖著人家了。」

每當許飛的初戀有了新動態的時候，他也會問程天自己要不要主動去聯繫，該如何爭取這次機會。兩個人非常有默契，都沒有提過彼此朋友的界限。直到畢業時，好像有些東西不太一樣了。

畢業後，許飛在一次聚會時，借著酒意和哥們兒的起閧給自己的初戀女友打了電話，並且詢問是否有見面的可能，結果得到肯定的回答。許飛清醒後也跟程天說了這件事，告訴她，他們約了第二天見面。第二天，程天沒有收到平時準時發來的資訊，感覺心裡有些失落，明明一直在說兩個人只是朋友，但現在明知道對方去和朝思暮想的初戀女友見面時，

心裡還是有些說不上來的不舒服。

看著許飛的微信頭像，程天鬼使神差地換上了和許飛以一樣的姿勢作為頭像──坐在校園草地上的照片。她不知道自己是為了什麼，只是當時就是想這樣做。

整整兩天，許飛都沒有發一則簡訊給自己，程天卻一反往常地獨自在屋裡發了兩天呆，時不時看看手機有沒有未讀訊息。

終於，晚上程天收到了許飛的消息。許飛說，我和她錯過了太多次，是我當時沒有珍惜，她已經找到了更適合她的人，馬上就要那個男生一起出國了，我們這次大概是最後一次見面了。程天不知道說些什麼，只是回了：「嗯，那就尋找新的開始吧」。

許飛又說：「你換大頭照了呀！」

「嗯。」

「和我的照片還挺配的，她看我手機還以為妳是我女朋友呢，要我對妳好一點，不要像我和她之前那樣。」

「哈哈，不會因為這個誤會才拒絕你的吧？那我可太對不起你了。」

「沒有沒有別多想，她就是覺得我們的相處狀態跟她和她男朋友一樣。」這次對話之後，兩個人之間的氣氛變得有些微妙，聊天充滿了曖昧，可依然誰都沒有說破。

程天馬上要去英國讀一年研究所，而許飛在準備國內的研究生考試，兩個人的生活好像都重新進入了正軌，卻沒想到這是糾纏複雜的一年。

兩個人雖然有著八個小時的時差，卻依然以好朋友的名義，每天曖昧地聯繫著，從未間斷。而且交流方式也從語音

轉為了視訊聊天，是許飛打破了這種掩耳盜鈴地曖昧，問程天：「你喜歡我嗎？不然我們在一起吧。」

程天收到這條消息是開心的，也是糾結的，她已經分不清愛情和友情了，她像女朋友一樣關心著許飛，和許飛保持著男女朋友般的聯繫，但當真的面對「要不要正式在一起」的問題時，程天猶豫了。

她拒絕了許飛這次的表白，她怕自己沒想清楚，她怕兩個人走不到最後，連朋友都做不成了。可是她忘了，這窗戶紙已經捅破了，兩個人本就無法和從前一樣了。

從那之後，許飛不再主動聯繫程天，對她也十分冷淡，刻意疏遠。兩個人空間距離已經如此遙遠，沒想到心的距離也越來越遠，程天覺得很難受，卻不知道怎麼說，不得已才問許飛：「我們只能這樣了嗎？」許飛說：「我受不了這樣不明不白的，如果不能在一起就別再聯繫了。」「我們現在這麼遠，等我明年回國再說可以嗎？」「就這樣吧，照顧好自己。」

就這樣，程天的手機每天變得很安靜，她這才發現許飛在自己的生活中是什麼樣的位置，沒有許飛，自己原來是這樣孤單，可這就是喜歡嗎？她不知道，她有時候覺得許飛很好，那些曖昧的用詞讓自己心裡很開心，可為什麼說到在一起，自己卻還是這麼猶豫呢？

程天和許飛已經一週沒有聯繫了，程天還是沒有適應許飛的離開。當天晚上，程天和室友在屋子裡涮火鍋，還買了些酒大家熱鬧熱鬧，當天的程天十分貪酒，期待著酒精發揮作用，能讓自己搞清楚自己的想法。

酒不醉人人自醉，程天喝得暈暈乎乎的，也沒管時差的

問題，拿起手機就給許飛打了個國際電話。

第二天早晨，斷片的程天已經忘了自己說什麼，只記得是在給許飛打電話，趕緊翻了下通話記錄，原來自己大半夜竟然給許飛打了一個小時的國際長途，不僅心疼話費，還緊張自己說錯了什麼。考慮好久還是給許飛發了消息，「我昨天跟你說什麼了嗎？」許飛很快回覆了：「你問我要不要和你在一起試試看。」「那你答應了嗎？」「沒有。」程天心裡一陣失落，不再回覆，竟然自己一個女孩子主動說在一起還被拒絕了，當初不是你要和我在一起嗎？程天有些生氣。

度過安靜的一週後，許飛的消息又激起了波瀾。

「你那天說的都是醉話嘍？」許飛問。

「你不是都拒絕了嗎，還問這個幹什麼？」

「等你清醒了再問我一遍啊。」

「什麼意思？」

「笨蛋，問你要不要在一起。」

「嗯嗯好呀。」

周圍的朋友說程天和許飛互為備胎了三年多，可算是轉正了，但兩個人都不承認曾把對方當備胎。三年的相伴讓彼此太過了解，兩人迅速進入了異國熱戀，幾乎全天都在視訊或發消息，許飛雖然人在中國，卻也過上了英國的時間。沒想到，好景不常，兩個曾經安安靜靜做朋友的人在一起之後卻沒想到如此折騰。

爭吵本來是情侶間很正常的事情，可是許飛和程天的爭吵總是因為一點小事把過去的舊賬再重新翻一遍，許飛在爭吵中總是把話說得很死，稍微有情緒就一定要說出來，她覺

得情侶之間有話就說出來才能解決問題，說出來就過去了，自己也就好了。

可程天總是很少說，好像總是讓著許飛，哄著許飛，每次都像是許飛憋足了勁兒卻一拳打到海綿上，沒有回應。他知道程天遷就自己，但卻總覺得這樣有哪裡不對，自己好像脾氣越來越大，根本沒有因為對方的忍讓而有所緩解，有時他太想聽程天反駁一下，說些什麼，可程天總是欲言又止的樣子，無奈地說一聲算了。其實兩個人這樣的狀態並不是從在一起才開始的，從兩個人開始曖昧之後，似乎就是這樣的相處模式，只是在一起之後，好像很多情緒更加名正言順地放大了。

正式在一起還不到一個月的時候，程天開始產生變化了，她開始抱怨許飛，覺得自己如此包容許飛，他卻總是把話說得那麼絕，程天覺得好累，才在一起這麼短的時間，怎麼會就已經疲憊多過快樂，是因為異國太遠見不到彼此嗎？內心疲憊的程天需要找人傾訴，從前程天一定會跟許飛說，可現在許飛成為了自己的男朋友，之前許飛的位置又要誰來代替呢？秦天。

秦天是程天在英國的同學，雖然認識不久，但之前和秦天聊過有關許飛的事，而剛好那時候秦天也在鬧分手，也說了自己的故事，彼此開導聊天。

好像很多時候感情的事和異性朋友說會放鬆很多，了解彼此的感情也就算交了心。秦天告訴程天說，不要總讓男生猜來猜去的，有時候他們是真的猜不到，男生和女生的腦迴路是不太一樣的，不要太難為彼此了，在一起不容易。程天

卻覺得，為什麼做朋友的時候那麼了解自己，在一起了反而就不懂了，猜不到了？

終於，因為程天不願意把談戀愛的事告訴家長，兩個人又有些彆彆扭扭的，許飛說：「我跟你在一起之後，第一時間就告訴了我所有的好哥們兒，恨不得馬上跟家裡說，你為什麼要瞞著呢？」

程天說：「我媽不想讓我在國外讀書這段時間談戀愛。」許飛不理解，有些生氣，說話的語氣自然也變得不太好，但還沒有爭吵，沒想到這次是程天爆發了：「為什麼我們隔著八個小時時差你還能把我折騰成這個樣子，我想了好久是不是我們見了面就好了，現在我在想可能是我們本來就不合適。」這些話把許飛嚇到了，自己語氣不好可還是忍住沒有吵架，怎麼就直接說分手了？許飛意識到自己可能太不顧程天感受了，所以不停地給程天打電話，在一起才才一個月，連情人節都沒過，怎麼就要分手呢？

但是程天好像越勸越堅定，對許飛越來越冷淡。許飛找了程天的好朋友勸她，程天卻要許飛別再打擾她的朋友。許飛想不明白，真的就因為這一點事就要老死不相往來了嗎？

許飛像兩個人沒有分手一樣跟程天聊天，不談不愉快的事，程天也會回覆，但和在一起時明顯不一樣，而當許飛問程天：「我們可以好好的繼續嗎？我會改。」時，程天說：「你給我些時間想想吧，彼此冷靜一段時間。」許飛說：「好。」

許飛等程天的消息等得遙遙無期，卻又不敢主動打擾，怕程天反感。等不及的許飛買了去英國的機票，沒有告訴程天，不管怎樣，也許見到就會好了。

　　許飛在上飛機前才告訴程天，自己在十幾個小時後就將到達她所在的城市，問她能不能來接自己。程天說好，像是回到了好朋友的狀態，許飛看到了希望。

　　許飛一出機場看到程天便給她了一個大大的擁抱，程天也沒有抗拒，看起來也很高興。打理好住宿的問題之後，兩個人一起去吃飯，許飛拉起了程天的手，程天掙脫了，這讓氣氛變得有些尷尬。吃飯的時候，程天說：「我還沒想好，最近要寫論文，再給我些時間吧。」

　　之後的幾天，許飛默默地陪著程天吃飯、寫論文，可程天卻並沒有寫多少，一直在手機上和秦天聊天，許飛知道，程天把秦天當成了當初的自己，現在一定在幫程天分析自己的事。

　　多諷刺，秦天跟程天說：「如果想好了要分開，就別拖著人家了。」這話多熟悉，是許飛曾經跟程天說過的話呀。許飛明白了，這次又沒想好了，也許是自己該離開了，雖然不甘心卻也沒辦法，這樣耗下去對誰都不好。

　　第二天早晨，許飛收拾好行李來找程天跟她說：「我走了，妳慢慢想吧，本想和妳一起在歐洲轉轉，現在看來我得自己去了。再見，照顧好自己。」

　　程天聽到這裡，難過得放聲大哭，許飛以為程天想好了，多了一絲開心：「妳想好了嗎？只要妳想好了，那我就不走了，等妳完成作業我們一起去。」

　　可程天接下來的一番話卻讓許飛心越來越冷了。「你說來就來了，根本不管我這裡有沒有要忙，你來這幾天，攪得我心思特別亂，論文都寫不進去，每次都是你痛快了就行，

逼著我接受，現在又來逼我和好。」許飛一愣覺得難受，但也只好頭也不回地走了，獨自一人去另外的城市找其他朋友。

　　許飛在英國和周邊散心了兩週，見了許多許久未見的朋友，也慢慢想開了，原來自己的愛是對方的負擔，也許真的要開始新生活了，自己以為這一趟來是給程天驚喜，卻沒想到在程天眼裡的自己竟然是這樣的。

　　許飛覺得自己放下了，便買了回國的機票。走之前發了一條朋友圈，有哪些自己去過的地方，也有自己的朋友們，笑得很開心。就在許飛準備收拾第二天回國的行李時，程天的電話來了。

　　「什麼時候走？」

　　「明天的飛機。」

　　「真的嗎？」程天沒想到許飛這期間沒有再聯繫自己，然後就要走了。

　　「嗯。」許飛的態度很冷淡。

　　「……」許飛的冷淡讓程天很驚訝，一下不知道該說什麼。

　　「那你早點睡吧。」許飛說完便掛了電話。

　　許飛的心裡還是有一絲漣漪的，他曾跟程天說，如果不是要和好，那就別再聯繫了。

　　第二天一早，程天打電話對許飛說：「我們和好吧，這次好好地在一起，我來倫敦找你。」

　　他們和好了，可已經冰冷的心還能如故嗎？沒人知道。

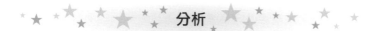

分析

平衡社交型人很善於人際交往，朋友很多，害怕孤單感，所以他們在人際中會傾向於主動。

在愛情中，這會讓平衡社交型人總是陷於糾結之中，他們的愛情很多都是從好朋友發展而來，而友情和愛情的界限對於平衡社交型人來說很難分清，加上他們的糾結，很容易會陷入愛情的拉扯。

程天和許飛雖然一直以好朋友的身分相處，可隨著時間的累積，彼此都對對方有了不同的期待，但是面對選擇，平衡社交型人總是很猶豫糾結，而且通常每一個結果，最後還是被動地被推著走。

碰到每一次抉擇平衡社交型人都覺得很困難，心中的天秤在對方的好與壞算的太明白，可是感情的事不是數學題，所以總是搖擺不定，來來回回，得到的時候看到對方的不好，而失去的時候看到對方的好。其實每個人都不完美，好與壞才構成了一個獨立的個體，愛一個人不能只接受他的好，要跟隨自己的內心，用心傾聽彼此。

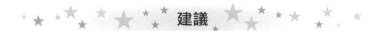

建議

平衡社交型人在愛情中太過情緒化，雖然時時刻刻在講道理，但是其實都是在被感性牽著走，不是每件事都有道理可講，尤其是愛情。

平衡感在他們的感情中十分重要，如果平衡社交型人感到付出與回報不對等，那麼這種失衡將會成為引發爭執的導火線。一方面，平衡社交型人需要自己調整，不要太過在意對等這件事，因為標準無從考量。另一方面，平衡社交型人的伴侶要十分的配合幫助他們尋找這份平衡感。

平衡社交型人特別愛美，作為他們的伴侶，要注重自己的形象，不要因為在一起時間長了就不顧形象了，平衡社交型人還傾慕邏輯感很強的人，因為這種人能在平衡社交型人糾結到一團亂的時候，幫他們整理思路。

事業篇

　　喵星人系的人在職場上善於人際交往，這會幫助他們事業的發展，但是面臨選擇時，這類人常常糾結症發作，不知如何抉擇。樂樂就是這樣一個平衡社交型人。

　　平衡社交型人的樂樂，小時候是個喜歡各種文藝活動的小女孩，從小她就想當一名設計師，所以一直堅持畫畫。直到高中時看了港劇《律政佳人》，一下就被律師這個行業吸引住了。

　　轉向學藝術還是努力考試成為一名律師，樂樂猶豫了。

　　她去問了在當律師的姑姑，她想知道現實中的律師職業和電視中是否一樣。姑姑給了她一本法律基礎入門的書，上面以各種案例展開，介紹不同的法律。樂樂完全看進去了，她確定了自己想當一名律師，她想主持公正，並且對各種邏輯感到十分的有興趣。

　　可是因為對美劇的癡迷，對英語產生了不小的興趣，又有了新的目標，學好英語也許是成為一名外交官的第一步。

　　樂樂面臨的選擇很多，可是沒有親身體驗過，沒法確定自己到底喜歡什麼，明明都感興趣，要根據什麼來選擇呢？索性樂樂在藝術、法律與外語這幾個方面都關注著，專門學藝術要放棄文化課，她還無法堅定地做這個決定，就繼續做一名文科生，追著自己最愛的美劇，跟著學習發音。

　　最後在高考中，因為最後的成績可以上一所不錯的政法大學，就選擇了法律專業。

　　真正接觸了法律之後，樂樂越學越投入，她覺得法律領域雖然內容很多很雜，但是蘊含 強大的邏輯，非常豐富，這讓樂樂更加嚮往成為一名真正的律師。但這並沒有讓樂樂選擇放棄畫畫，空余時間樂樂還是喜歡背上畫板去周邊的去處寫生，或者隨便畫些剛好想到的東西，雖然畫工不及藝術專業的同學，但是成為了樂樂的一大消閒愛好。

　　她同樣沒有放棄英語，沒有特意準備託福雅思等外語考試，卻堅持以生活的方式繼續著英語的學習。關注 BBC 的英文新聞報導，追著各種英劇美劇，耳濡目染有著相對來說極為正宗的發音。

　　因為樂樂對律師這個行業越來越感興趣，學得也越來越起勁，再也沒有人像高中一樣說自己學習態度散漫，變得十分積極，當然學習效果也很好，成績名列前茅，是法律系的高才生，早早地通過了司法職業資格證的考試。

　　雖然在成為一名律師之後，樂樂也遇到了許多難題和阻礙，但對律師工作的熱愛幫助她一路走了過來，畫畫幫助她減壓，而優秀的英文也為她翻譯外文文獻減輕了許多負擔。後來，一向搖擺猶豫的樂樂在打官司的過程中立場堅定有理有據條理清晰，成為了一個愛好藝術、英文出色的優秀律師。

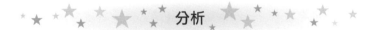

分析

　　平衡社交型人追求顏值，喜歡美的東西，所以也喜歡體面的工作，相反地，對一些需要勞力的工作則有些抗拒，他們希望在工作中也可以一直美美的，動用腦力就好。

　　而且，平衡社交型人是善變的，喜歡多變自由的他們飄忽不定，有選擇困難症，面對一些選項總是無從下手；在工作方面，只有一一體驗過才說不定能做出堅定的選擇，可大多數情況無法一一體驗，因爲他們的想法實在太多了，只好被機會推著走。

　　就像樂樂在選擇專業時一樣，選哪個都無法有明確的傾向，只能根據客觀條件，在不得不選的時候，選一個當時最優的，也許如果有學外語更好的機會，樂樂可能就朝著外交官的路走了。

　　幸運的是，樂樂被動選擇了法律這行，正是她所感興趣的工作。

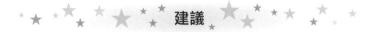

建議

　　平衡社交型人在工作中總是給人散漫的印象，最好自我調整一下。他們很適合談判，外交工作和銷售工作也是不錯的選擇。因爲不爲自己的想法設限，從事藝術工作也會有不少靈感，同樣也是不錯的選擇。

　　平衡對於這類人很重要，工作中他們同樣追求平衡感，所以很適合律師的工作，正義一直是他們所追求的。平衡社交型人有高超的社交手段，和同事、主管的關係都能相處地不錯，這也是他們職場上的優勢之一。

　　但他們對工作環境比較挑剔，在髒亂聒噪的氛圍下，他們是無法安心踏實工作的。所以這類人在有很多選擇的時候，盡量去體驗從而排除一些不太可能的選項，收縮選擇範圍之後，如果實在選不出來，就隨心而行吧。

星晴小事

打動平衡社交型人的小事：
每次糾結症發作，都是他為我選出那個我心底的答案。

讓平衡社交型人感到幸福的小事：
打電話總是讓我先掛。

讓平衡社交型人死心的小事：
在交出全部信任的時候發現被欺騙。

〈神奇的動物系人格〉

睿智神祕型

★

狐狸

成長篇

　　<u>狐狸系寶寶小小年紀就有自己的目標，想做的事就會努</u><u>力做到，很有毅力</u>，就像睿智神祕型的天天。

　　天天是個執著的小朋友，總是喜歡給自己設定目標，然後執著地去做。

　　天天發現最近每天吃完飯，媽媽都拿著手機玩不停。

　　天天坐到媽媽身邊看著手機：「媽媽，妳在玩什麼呢？」

　　媽媽給天天看自己的手機：「天天，你看，像媽媽這樣在螢幕上畫圓圈，畫得越圓得分越高，媽媽最高得了九十五分呢！」

　　天天很感興趣的樣子，問媽媽：「媽媽，我玩一下可以嗎？」

　　媽媽：「好啊，天天會畫嗎？」

　　天天：「媽媽，我要畫出最圓的圓圈，我能畫出一百分！」

　　媽媽摸摸天天的頭：「哇，天天這麼厲害，那你玩吧！」

　　媽媽把手機給了天天，天天的小手不停在螢幕上畫圈圈，可是怎麼也畫不好，才得了三、四十分。媽媽便握著天天的手教他在螢幕上畫圓，試了幾次後，天天又開始自己畫，可是還是畫不圓。

　　媽媽說：「天天，不著急，慢慢畫，已經比剛才畫得圓了。」

天天點點頭繼續認真地畫……

過了好久，媽媽看到天天還在認真畫，便過來問：「天天，畫得怎麼樣了？」

天天不太開心：「哎呀！媽媽，我怎麼都畫不圓。」

媽媽說：「明天再玩吧，你玩了好久，太累了，去睡覺吧！」

天天：「不要啦，再讓我畫一會，我還沒畫圓呢！」

媽媽：「天天，你已經有進步了，現在也很晚了，明天再玩吧。」

天天：「媽媽，我比剛才畫得好了嗎？」

媽媽：「是啊！你看分數都比剛剛高了！」

天天不大情願把手機還給了媽媽：「好吧……」

然後天天便和媽媽一起去睡覺了。

天天執著於一件事時，總會日夜惦記，堅持不懈地去做，有時甚至有些過於執迷。

第二天早上一大早，天天起床便拿來媽媽的手機繼續玩起昨晚的「畫圓」遊戲。

媽媽做好飯了：「天天，來吃飯了！」

天天只顧認真玩遊戲：「媽媽，我還不餓呢。」

媽媽走到天天身邊：「天天，你怎麼又玩起來沒完了？」

天天說：「媽媽，我要畫出一百分的最圓的圓圈！」

媽媽很無奈：「天天，你看紀錄，沒有人能畫出一百分的圓，只要你認真盡力就行了，不是所有事情都能做到完美的！」

天天：「爸爸媽媽也畫不出來嗎？」

媽媽：「是呀！」

天天：「好吧，我們吃飯吧。」

於是天天把手機還給了媽媽，開始吃早餐。

<u>發現天天過於執著時，媽媽及時開導他，告訴他，有些事可能再努力都做不到完美，讓他知道一切只要努力，有進步就好。</u>

一天晚上，天天和爸爸在外邊散步回來，走到樓下，爸爸對天天說：「天天，咱們爬樓梯回家吧，鍛鍊身體！」

天天興奮地拍手：「好哇！」

爸爸：「天天，你能爬到幾樓？我們可是住在二十樓喔！」

天天胸有成竹地說：「我能爬到二十樓！」

爸爸說：「走吧，咱們走這邊的樓梯。」

於是天天和爸爸開始爬樓梯，爬到第六層的時候，天天已經累得扶著牆走了。

看到天天累成這樣，爸爸說：不行了吧，咱們坐電梯去吧！

天天擺擺小手：「不行……爸爸……說好了爬到二十層的，我要堅持！」

爸爸說：「天天好棒喔！先休息一下，爸爸會陪你！」

然後兩個人繼續爬樓梯，爬到九樓時，天天已經累得坐在地上了！

爸爸抱起天天說：「走吧，咱們去坐電梯！」

天天掙扎著：「我不去，我要爬樓梯回家！」

爸爸說：「天天，你已經很厲害了，爬了九層。你還小呢，爬二十層樓梯會累壞的，爸爸都走不動了，下次我們多爬一層，每次都有點進步就好。」

天天：「可是我們說好爬上去的⋯⋯」

爸爸：「沒關係呀，你已經努力了，很厲害！」

天天已經沒有力氣了：「好吧，爸爸，我們坐電梯吧，快回家吧，累死我了！」

天天覺得說了要爬二十層樓就要做到，可是這個目標超出一個小朋友的能力。<u>爸爸讓天天知道，做事要量力而行，重要的是努力的過程。</u>

回到家，天天一頭栽倒沙發上躺下，對媽媽說：媽媽，我爬了九層樓呢！

媽媽親了下天天說：「天天真棒！以後天天和爸爸去鍛鍊吧！」

天天開心地點頭答應：「好哇，媽媽，那妳也加入我們吧！」

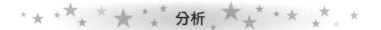

分析

　　睿智神祕型寶寶從小就喜歡設立各種目標，然後努力去完成，自帶執著的特質，想要的就一定要得到。但因為年紀還小，對許多事物的判斷有偏差，經常會設定一些超越能力，或者過於偏執的目標，這時候很需要家長和老師幫助他們設立正確的目標。否則，莫名的目標必將使睿智神祕型寶寶受挫，甚至會懷疑自己，並加強對目標的偏執，讓他們變得十分疲憊。

　　長大後，也會因為過於偏執於不合理的目標而碰壁。尤其成人的世界並不是非黑即白的，太過於執拗有時會傷害自己，所以需要調整自己的心態。

　　故事中的天天，在爸爸提出爬樓梯回家時，好勝心讓他決心爬到二十層，但是天天對這個目標並沒有實際的概念，其實自己爬到第六層已經累到不行了，這個時候爸爸告訴他要量力而行，可以幫助天天了解自己的能力範圍，下一次對設定的目標有更準確地判斷。

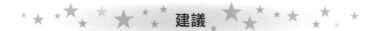

建議

　　睿智神祕型的小朋友很執著，因為有一顆好勝的心，所以對自己的要求也很高，這會推動他們不斷進步，變得越來越優秀。

　　但是這類寶寶有時對於自己的目標過於堅持，好勝心太強，甚至有些偏執，而生活中很多事情是沒有輸贏的，也不是所有目標都能夠達成，父母應鼓勵他們持之以恆的態度，但是要讓他們意識到努力了就好，學會審時度勢，量力而為。

　　面對睿智神祕型寶寶的性格特徵，家長可以從以下方面入手：

一、因為睿智神祕型寶寶通常比較有耐心，可以利用這一點幫助孩子養成生活學習上的好習慣，比如給他一個連續二十一天早起晨跑的小任務，不斷鼓勵他完成，堅持二十一天後，這就成為了他的習慣。

二、幫助這類寶寶設定階段性的目標，循序漸進。

愛情篇

　　<u>狐狸系人在愛情裡充滿魅力，確定心意後會主動採取行動，絕不含糊，敢愛敢恨。</u>歆歆就是一個睿智神祕型人。

　　歆歆笑起來給人甜美的感覺，一副人畜無害的樣子，可在愛情裡的歆歆，更像是盯著獵物的豹子，所有的耐心和隱藏，只為抓到那隻最中意的羚羊。

　　歆歆長得好看，而且人緣很好，朋友很多，剛開始相處給人感覺性格也很舒服，沒有什麼攻擊性，但在愛情裡歆歆可不是個被動的人。

　　她對張默算是一見鍾情，兩人是大學同一年級的同學，初入學後，在社團招募的活動上，歆歆看到了張默，遠遠地看了一眼就有種不一樣的感覺，便不自覺地跟著張默，看看他報了什麼社團。

　　看著張默在一個桌子前填了資訊還加入了社團，歆歆緊跟了上去，直接說：「我要報名。」拿到報名表才發現，這是舞蹈團。

　　「一個男生竟然來跳舞？」歆歆心裡有些疑惑。但還是填好了資訊，還趁機看到了剛才張默填的報名表上的資訊，知道了他的名字，還偷偷記下了他的生日和電話，加入了舞蹈團新生群後，把張默的社交平臺都「徹查」了一遍，發現原來張默疑似有個女朋友，但好像大學並不同校，也不確定

是否成為前任。

　　但從找到的資訊來看，並不是太大的威脅，反正彼此還沒認識，自己的心意也不太確定，也就沒多想這件事。等到社團第一次集體活動，再好好認識一下。

　　舞蹈團的第一次見面會在舞蹈訓練室，沒想到男生竟然不少，尤其是學長們，顛覆了歆歆對舞蹈的認識，以前總覺得跳舞的大多都是女孩子，沒想到這裡幾乎一半都是男生，而且並不是柔美型男生，而是散發著雄性荷爾蒙的男舞者們。

　　看了舞蹈團的宣傳影片才發現，本校舞蹈團每年都會參加各項文藝活動和比賽，舞蹈種類也很多樣。

　　歆歆這才發現，之前自己總覺得舞蹈是柔美的，是女生跳的，但其實男舞有男舞的魅力。舞蹈團裡帥哥們很多，但歆歆的視線還是離不開張默。

　　張默不是很愛起鬨的人，只是偶爾會和身邊的人聊上幾句。他的笑容也很好看，長得眉清目秀，身材也不錯，特別像影片裡那種跳蒙古舞藏族舞的帥漢子。歆歆有些花癡，但也只是時不時地用余光看看張默，想著不管怎麼樣先認識再說，而且要顯得自然才行。

　　歆歆有一些古典舞基礎，雖然荒廢了很久，但是基本功還在，在一所工科學校的舞蹈團裡，這樣的條件還是很吃香的。所以歆歆很快就被重點培訓成為新的領舞人選。

　　領舞想當然耳會是舞臺的焦點，所有人都會注意到歆歆，包括張默。男生們大多都沒有基礎，根據身材和協調性柔韌性挑選了一些重點培養對象，張默也在其中。歆歆有些暗喜，看來以後跟他接觸的機會更多了。

歇歇和張默在每次的社團活動中越來越熟，慢慢地也自然而然融入彼此的私人生活。一切看似順其自然，但又好像都在歇歇的預料之中。

歇歇有很強觀察力，搜集到社交平臺上所有與張默有關的資訊，包括張默的前女友。之前那個疑似張默女朋友的人，和他是高中同學，因為在聚會上認識而成為男女朋友，但是很快被現實打擊，兩個人的成績相差挺多，誰也無法為誰讓步，所以各自去了自己成績所及的最好學校。

可是這兩個城市一個在北，一個在最南。本來就沒在一起多久，還隔著大半個中國，慢慢就冷淡分開了。看來是個沒怎麼談過戀愛的純情小男生。

接下來的日子，舞蹈團一直在為當年的比賽做準備，從一週一練變成一天一練，對大一新生來說，繁重的學業加上高密度的訓練，讓他們幾乎沒有什麼休閒時間。篩選到最後正式成員名單中，歇歇和張默都是少數獲選的大一新生。

歇歇和張默特別聊得來，在訓練這段時間，幾乎天天膩在一起。因為午休時間也要訓練，因此兩人都會一起吃午餐和晚餐，晚上再一起從訓練館回到生活區。

他們的互動就好像情侶一樣。歇歇不明著問張默的心意，就這樣享受著這種剛剛好的距離。雖然歇歇不怕主動，但是張默到底是什麼樣的心意，歇歇還不太確定。

訓練十分辛苦，因為舞團連續兩年拿到第二名的成績，今年以冠軍為目標，許多加了難度的動作要一遍一遍練習，男女配合的各種托舉，既要安全完成，還要做得輕鬆優美。

這種緊張與辛苦，是歇歇沒想到的，一個工科院校的舞

蹈團要這麼拚嗎？當初歇歇只是為了了解張默而加入，想讓張默注意到自己而想要多展示自己。而隨著訓練，好像更加融入這個團體，衷心想把每一個動作做到最好，成為舞臺的焦點。

比賽臨近，每個成員之間好像多了一種革命情感，大家喊苦喊累，休息一下再一同並肩練習。而這種團隊的感情氛圍，使得張默和歇歇之間的情愫更加不明朗。

兩人後來才知道，那時候雙方對彼此對其實都有不一樣的感情，只是誰也沒有打破這種平衡。

終於，到了比賽當天，所有的舞者都打起精神想要拿到冠軍，完成了一次訓練以來最完美的演出。

下場之後，歇歇不自覺地尋找著張默，一抬頭便看到了目光落在自己身上的張默。這個對視勝過萬語千言。

最後比賽的結果公布，歇歇他們依然是第二名，因為整體水準的上升，雖然自己舞團比去年好很多，但又拿了一個亞軍。雖然第二也很不容易，大家也很高興，但總是有些失落。

舞團集訓的日子突然就結束了，在訓練時曾多麼希望這一天快點到來，而真正到來時，心裡卻感覺有些失落，一方面是因為對舞團的投入，另一方面，歇歇沒了訓練這個藉口，和張默就不能天天一起吃飯，天天見面了。

就在這時候，張默問歇歇：「你明天想吃什麼？」

「明天？還沒想好呢。」

「我想去吃那家披薩，一起去吧！」

「嗯好啊，最近天天一起吃飯，都變成習慣了。」

「那以後就算沒有訓練也一起吃飯吧。」

「你確定嗎？我天天當你的跟屁蟲，可是會斷你桃花的。」歆歆心裡有些開心，但又想張默說明白點。

「那你是得負責，直接跟我在一起好了。」

「你這是在表白？」

「嗯。」張默不好意思看歆歆的眼睛。

「那明天我要吃大份披薩。」

張默和歆歆從決賽那天起，正式在一起了。經過了比賽的歷練，兩個人都成為了舞團重點培養的「儲備幹部」，革命友誼升級愛情之後，兩個人的熱戀期在校園裡可說是轟轟烈烈，從來不隱藏，也成了舞蹈團調侃的對象。

然而，彼此的感情升溫迅速，卻在一年後歸於平淡，彼此忙碌著各自的學習工作，約會越來越少，兩個人在一起大多是自習，和舞團的訓練與活動。

像以前一樣的談心越來越少了。歆歆開始想，難不成自己是對這段感情失去了興趣？對張默沒有感情了嗎？

張默也感覺到，彼此間好像都有各自的心事，總是有尷尬的沉默，還有時像是沒話找話。他確定自己的心意沒有變，但是一定有什麼東西不對了，可是也不知道該怎麼辦。溝通都不知道該從何談起。

歆歆受不了這樣耗下去，主動找張默說：「我覺得我們之間出了些問題，不如先分開吧，退回朋友，不要等到把感情都耗光。」

張默愣了一下，還是答應了。

因為舞蹈團的關係，成為學長學姊的張默和歆歆成為舞

團的兩位副團長，兩人沒有因為分手這件事而躲避舞團，反而化解尷尬，成為特別的好朋友。

這也讓周圍的朋友們一頭霧水，兩個人分手後竟然又成了好朋友？總讓人有一種兩人複合的錯覺。雖然週遭的朋友也時不時地開玩笑說，乾脆復合算了，反正和前任走這麼近，也找不著下家。但也每次都被這兩人插科打諢唬弄過去。

兩人始終都保持著朋友的距離，但除了舞團的事情，其他時間都各忙各的，有心事也會找對方聊聊天，好像都覺得在校園裡，仍然是最懂對方的彼此。就這樣，大學四年一晃過去，誰也沒再正式談過戀愛，但誰也沒提過兩個人要不要再試試。

臨近畢業，張默和歆歆都一直在準備出國的事情，雖然一開始並沒有商量，但後來各自收到幾個學校的通知，後來不約而同地選擇了同一個國家。在知道畢業後的兩個人依然離得並不遠的時候，張默和歆歆都有種說不出的開心。

畢業季的各種活動開始，離別的氛圍越來越濃，舞蹈團也在準備專場演出，送別這一屆的畢業生，而張默和歆歆作為舞蹈團的「元老」，決定準備一支雙人舞，當作這個舞臺的告別演出，這個舞臺對兩個人的大學生活十分重要，也是兩個人相識的開始。

舞蹈是感情的另一種表達，張默與歆歆入學時雖不是什麼專業舞者，但在畢業時感受到了肢體語言的力量，兩個人的默契，使得舞蹈越來越流暢，也將畢業離別之情融入在這支現代舞中，「不捨」更是觀眾可以從這支舞中感受到的。

歆歆也看穿了張默的心思，但是一直遲遲沒有正面回應

張默，她知道彼此仍有感情，但是兩個人曾在一起過，後來又退回到朋友，如果複合會不會重蹈覆轍？那個時候還能再退回到朋友嗎？未來是未知的，歆歆想不出答案，便決定隨著心走，直覺告訴自己，總有一瞬間，自己會突然知道，是該向前走，還是留在原地。

舞蹈團專場上，歆歆和張默的雙人舞壓軸出場，沒有炫彩的燈光，沒有新奇的道具，一雙人飽含深情的舞姿，打動了所有觀眾，也將畢業的情緒推向高潮。這是兩個人最投入的一次表演。

謝幕之後，張默作為前屆舞蹈團團長，拿起麥克風，卻沒有按照本來準備好的致辭內容說，而是有些激動地拉起歆歆的手，在舞臺中央所有的觀眾面前說：「畢業季是個告別的季節，但我不想說再見，我曾經一直害怕如果我進一步，你就要離開我了，可現在我依然害怕，我停留在原地，可能要永遠失去你。之前的我們還不懂經營愛情，在錯誤的時間遇到對的人，那麼我就留在你身邊等那個對的時間，我知道現在就是對的時間，相信我，歆歆，再和我在一起一次好不好？」

歆歆看著那個平時不愛說話的張默，毫不猶豫地在所有觀眾面前說出這樣一番話，這一刻她知道答案了，淚水在眼眶裡打轉，使勁地點頭。舞臺燈光下相擁著的他們，是那麼堅定。

兩個人在分手後做朋友的這段時間，確實更加了解彼此，在愛情裡，好像很多時候沒辦法那麼理性，失去了很多真正了解對方的機會，而朋友的距離剛好讓彼此看得更明白。有

了朋友的基礎，兩個原本出了問題不知道該怎麼溝通的人，
學會了交流，學會了愛。

　　兩個對的人，終於等到了對的時間。

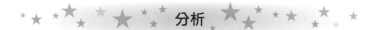

分析

歇歇這類睿智神祕型人，一旦明確了目標，便會有相應所行動，並且都很有針對性。

剛開始的歇歇因為「人群中多看了你一眼」就「盯上了」張默。睿智神祕型人每段感情的開始都很注重感覺，並不是按著某種既定的標準來比較，而是「感覺」到了才有發展的機會。歇歇創造了機會與張默認識，試著了解，發現那種「感覺」依然還在，沒有消失，便開始創造更多發展機會。

而當歇歇確定自己心意之後，會有計畫地行動，只要是自己想要的，就要不顧一切地去得到，不管對方有沒有伴侶。

睿智神祕型人心思縝密，很快感覺到與張默之間不對的氛圍，思考過後決定分開，避免矛盾升級到無法調和，不如退回朋友更加自在。睿智神祕型人很會把握曖昧的距離，跟喜歡掌控彼此之間的關係，希望可以按照自己所想的步調節奏走。

睿智神祕型人注重感覺，但也很現實，需要一個在心靈層面與自己達成默契的人，同時在生活中又能攜伴同行。

這也是歇歇與張默最後可以和好的基礎，彼此最了解彼此，一同出國、對未來有共識，這些歇歇都想得很清楚。

睿智神祕型人追求熱情似火的感情，雖然表面上總是很看得開，但心裡仍然希望有浪漫的驚喜讓自己有感性的衝動，而不是只有理智的分析。所以張默在聚光燈下當眾表白，讓一向有掌控欲的歇歇也被俘獲了，釋放出自己小女人的一面。

建議

睿智神祕型人追求愛情，步步為營，對感情有著火一樣的熱情，一段感情的萌芽通常始於感官或表面的東西，比如顏值，或是某一外形特徵。

他們通常會用一些自己的邏輯理論掩飾內心的衝動。占有欲與控制欲會讓他們對目標展開猛烈攻勢，但要注意，不是每個人都可以承受得住猛烈的熱情。

就像歇歇一樣，雖然一直在創造機會，但所做的一切都是在讓張默主動地愛上自己，而不是一味地追在對方後面。

睿智神祕型人，一旦鎖定獵物，那麼不惜一切代價都要得到對方，但這類人也該學著接受，人不是娃娃機中的玩偶，花光所有的硬幣也不一定能得到，有時候太鑽牛角尖，到頭來受傷的是自己。

他們心思細膩，總能察覺到一些蛛絲馬跡，對人真心真意，所以也要求周圍的人不可假情假意，睿智神祕型人的敏

銳加上記仇，一定會報復那些欺騙利用他們感情，以及背叛
他們的人。作爲他們的另一半，專一是相當重要的，不要犯
了明知他們無法容忍的錯誤被發現之後，還想要得到他們的
原諒。

事業篇

　　狐狸系人對自己的事業十分看重，會不斷地思考適合自己的道路，一個一個征服自己遇到的挑戰，獲得勝利。正如睿智神祕型的歆歆。

　　歆歆在職場上是腦袋清楚的人，她一直都知道自己想要的是什麼，這讓她從一開始就選擇了自己喜歡的工作，並且能在工作中享受生活。

　　歆歆在校園時是比較規矩的學生，基本上都跟著老師的步調，態度積極，是老師很喜歡的學生。不過她在課業上的目標並不明確，偶爾的社團創意比賽她倒是很上心。

　　直到高考過後，選專業時，歆歆也沒有找到心中那個非選不可的專業，索性選了個男生多的工科學校，學了熱門的經濟學。

　　隨著校園時光的流逝，歆歆在成長中，目標漸漸清晰。她在大學校中，選修了繪畫基礎、大眾心理學，還有人文地理相關方面的課程，看似沒什麼交集，卻讓歆歆找到了新的方向。

　　旅行是歆歆十分享受的過程，每次旅程都是歆歆最美的記憶，她喜歡看那些不同的風景，那些未知給了自己許多靈感，打破生活的無聊。

　　剛開始家裡不放心她自己出遠門，歆歆也都搭伴出行，

可時間久了，自己老想往外跑，可周圍能玩得到一塊去的朋友們沒有那麼多時間精力放到旅行上。歇歇就開始規畫著自己的旅行。隔一段時間，歇歇就忍不住蹺幾天不點名的課，找老爸要點贊助，帶上自己的手帳，開始一場未知的旅行。

在走南闖北的旅程中，歇歇成了一名旅行達人，她在網路上與朋友們分享自己的行程與攻略，沒想到得到更多陌生人的關注，成了旅行老司機。

歇歇善於發現一些特別的景點，這讓許多去過當地的人覺得自己好像白去了一趟，還得再次出發去找歇歇發現的世界。

歇歇很享受這樣的生活，也很樂於把自己的行程攻略分享給更多的人，同時還能認識許多同樣享受旅行的人。可是大學已經過去了一大半，進入社會，自己還能這樣隨心旅行嗎？現實的問題可以不考慮嗎？哪個公司願意給一個經常請假旅行的人一份工作呢？難道自己真的要放棄旅行了嗎？

要是能有一邊旅行一邊掙錢的工作就好了……這個想法讓歇歇感覺一下子發現了新出路，反正自己成績一般，也並沒有期待一份正經工作，不如換個思路，找人為自己的行程買單。

歇歇開始找一些雜誌投稿，看看有沒有什麼旅行專欄的內容需要，賺點稿費。發現品質高的旅行攝影作品可以增加稿酬，便開始學習一些攝影技巧，加上她獨到的審美觀，旅行照片簡直比遊客照美了不止一個檔次。

歇歇在一步步把這份喜愛的工作，從兼職發展為全職，她的自媒體因為那些美翻了的照片吸引了越來越多的人，歇

歇發現粉絲不斷地壯大，自己已經算得上小有名氣了。

　　隨之而來的，是一些小廣告的合作與贊助，這讓歇歇覺得，這條路還真的是行得通，曾經以為自己的喜好很小眾，但其實人們都想要追尋那些沒看過的世界，卻因為不同的原因，時間很趕，工作很忙，大家也想要最美的旅行照，也想感受自由的時光，去看看廣大的世界。

　　歇歇正式畢業了，她仍然堅持著自己的小事業，剛開始一些民宿為歇歇免去住宿費，就當作做廣告了，其他的一些稿費和自媒體上的小廣告也基本可以補貼歇歇的旅行費用，雖然不掙錢，但還好基本收支平衡。

　　後來粉絲越來越多，歇歇還找到了「酒店祕密客」、「餐廳試吃員」的工作，把評價公開於自己的社交平臺上，小有盈利。由於當時這樣的「旅行記者」、「攻略達人」的領域還處於空白，歇歇一下成了網路紅人，收入可觀。最重要的是，她始終都很享受自己選擇的生活。

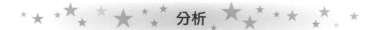

分析

歆歆有著睿智神祕型人的專注，在學校中沒有明確的喜歡的事情，只默默做好老師要求的事，也會為自己設定相應的目標，對自己有一定要求。而在漸漸發現自己喜歡做的事之後，整個人都變得更加堅定了，目標明確也更有幹勁。

歆歆在選擇面前保持理性，即使大考過後還沒找到自己想走的路，也不會放棄，而是在理性分析後，在目前的選項中選擇一個最優的，未來充滿更多可能的選項。她沒有叫嚷著迷茫，而是在前進中繼續尋找。

當她發現自己興趣所在之後，她不再是那個穩妥為主的歆歆，而是突破自己，堅定地走一條即使還沒有被別人認可的路。

在堅持自己的同時，她也在考慮現實的可行性，不靠著口號來堅持夢想，而是通過實際行動告訴大家，這條路不但是可行的，而且她還走得很好。

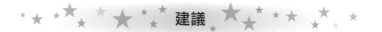

建議

睿智神祕型人通常在初期穩紮穩打，隨著年齡與閱歷的成長找到自己的目標，然後走出自己的路，創業或創新。

他們在事業上十分有野心，所以許多企圖壟斷擴張的老闆都是這類型的人。因為他們天生理解商場之道，下手更加

快狠準，善於抓住機遇。

睿智神祕型人特別知道自己要什麼，而且豁得出去，敢拚敢闖，願意挑戰沒有人走過的路，也十分享受那種成就感。

這一類型的人內心其實特別敏感，也無法接受自己在敞開心扉露出柔軟內心時，遭到背叛或拒絕，所以在事業或一些利益相關的事情上，不要輕易地把親近的人和朋友摻進來，還是公私分明比較好，商場如戰場，以免讓自己陷入兩難痛苦的境地中。

睿智神祕型人的星晴小事

打動睿智神祕型人的小事：
那些被別人誤會的事情，對方都沒有問我就選擇相信我。

讓睿智神祕型人感到幸福的小事：
過馬路時情人下意識地拉我的手，睡夢中還會抱著我。

讓睿智神祕型人死心的小事：
和情人已經沒有激情，親密的肢體接觸時竟然覺得尷尬。

〈神奇的動物系人格〉

自由冒險型

★

火烈鳥

火烈鳥系寶寶熱情似火，好像總有用不完的精力，小豌豆就是這樣的自由冒險型寶寶，是個聰明又有想像力的小朋友。

小豌豆家裡有一隻可愛的小貓，可是小貓從來不在自己的窩裡睡覺，小豌豆發現媽媽每次拿回來袋子，小貓都會鑽進袋子裡待著，家裡有空箱子，小貓也喜歡睡在裡面。

一天，小豌豆拿出媽媽新買的彩色畫筆、一個空箱子，然後把媽媽拉過來。

媽媽：「小豌豆，你要幹什麼？」

小豌豆：「媽媽，我們給小貓做個窩吧！」

媽媽指著小貓的窩說：「小豌豆，那個不就是小貓的窩嗎？」

小豌豆說：「媽媽，小貓從來都不住在裡面，牠不喜歡，我們做個牠喜歡的吧！」

小豌豆發現小貓喜歡睡在箱子裡，便開動腦筋就想給小貓做個漂亮的新家。

媽媽說：「好吧，你說怎麼做，媽媽幫你。」

小豌豆把箱子遞給媽媽：「媽媽，妳能幫我把這個箱子做成一個窩的樣子嗎？」

媽媽說：「好啊。」

於是媽媽開始黏箱子、剪出小貓進出箱子要走的「門」，小豌豆拿出幾張白紙，用彩色筆畫著五顏六色的圖案。

過了一會兒，媽媽說：「小豌豆，媽媽做好小貓的窩了，你畫好了嗎？」

小豌豆：「媽媽，我畫好了，妳看！」

小豌豆畫了幾個小人、好多花草大樹、太陽、白雲、還有小溪。

媽媽：「小豌豆畫得真好！」

小豌豆很開心：「媽媽，我們把畫黏在小貓的窩上好嗎？」

媽媽：「好啊，我們怎麼黏，小豌豆來指揮吧！」

然後小豌豆和媽媽一起把畫好的畫剪開，黏在了小貓的窩外面。

小豌豆：「媽媽，好看嗎？」

媽媽：「恩，好看，小豌豆你想想，能不能再放點什麼，這樣看起來光禿禿的。」

小豌豆四處看了看，看到桌子上那束鮮花，然後對媽媽說：「我可以把花外面繫的帶子拿下來嗎？」

媽媽看了一眼說：「可以呀，你去拿吧。」

小豌豆拿來了絲帶，想打個蝴蝶結，可是自己又不會，便對媽媽說：「媽媽，妳能幫我繫個好看的蝴蝶結嗎？」

媽媽拿過絲帶繫個蝴蝶結：「給你吧，小豌豆。」

小豌豆用把蝴蝶結黏在了小貓窩的上邊，然後把做好的窩放在牆邊，小貓看到了，圍著窩轉了一圈便進去睡覺了，小豌豆開心地抱著媽媽說：「媽媽，妳看，小貓進去睡覺了！」

小豌豆很有想法，給小貓做窩還不夠，要裝飾得漂漂亮亮的，媽媽的提示，讓聰明的小豌豆想方法把小貓的窩變得更好看了。

一個週末，爸爸說：「今天有風，我們下午去放風箏吧！」

小豌豆開心地又蹦又跳：「好啊，放風箏去！」

媽媽找出了風箏拿給小豌豆，小豌豆說：「爸爸，我能像風箏那樣飛嗎？你用繩子拉著我！」

爸爸笑了：「小豌豆，你飛不起來，你太重啦，你看風箏多輕！」

小豌豆有點失望：「哎，我要是能飛就好了，一定很好玩！」

爸爸看到小豌豆那麼失望，對小豌豆說：「小豌豆，爸爸有個辦法！」

小豌豆眼睛亮了，看著爸爸：「什麼辦法呀？」

爸爸說：你拿只筆，在風箏上寫上你的名字，不就像你被放飛了嗎？

小豌豆開心了：「好哇，寫名字！」

小豌豆拿來一隻粗筆，在風箏上寫了大大的「小豌豆」，然後想了想，又畫了一個小人兒。

爸爸看了說：「小豌豆，怎麼還畫了個小人兒呢？」

小豌豆傻笑：「哈哈，爸爸，那個小人兒也是我。」

爸爸說：「小豌豆真聰明，還畫了個頭像呢。」

小豌豆喜歡自由，想像風箏一樣自由地在天上飛。

下午，爸爸媽媽帶著小豌豆到戶外放起了風箏。

爸爸拉著風箏線說：「小豌豆你看，風箏飛起來了！」

　　小豌豆仰著小腦袋：「好高哇，爸爸，我看到我的名字和頭像了！」

　　爸爸：「一會兒風箏飛高了你就看不到了，爸爸把你放飛了，哈哈……」

　　小豌豆開心地追著爸爸跑，一起開心地放了好久風箏……

　　小豌豆嘴裡還不停喊著：「我飛起來啦，飛起來啦……」

　　小豌豆看著有自己名字和頭像的風箏在天上飛，就像自己自由地飛翔。

　　<u>自由冒險型人小朋友很有創造力，家長應鼓勵他們的創造力和動手能力，他們喜歡嚮往自由，家長通過巧妙的方式讓他們覺得自己是自由的，而不是約束他們，有助於他們發揮自己的想像和創造力。</u>

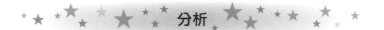

分析

　　自由冒險型寶寶思想直接，容易衝動，喜歡戶外運動或是出遠門旅行。他們具有獨立精神，而且有語言天賦，喜歡室外活動多過坐在教室裡學習。所以他們不太容易專注於書本的學習，複雜的學業會讓他們感到束縛，容易偏科，對於不喜歡的課程常常輕易放棄。在他們的學習過程中，興趣十分重要，只有真的感興趣、有求知欲，才會主動地去學習讀書。

　　自由冒險型寶寶具有樂觀和不拘小節的天性，很愛笑，對大多數事情都有高昂的興致，也不害怕與人接觸。即使遇上不愉快的事，也不太會長時間陷入負面情緒之中，哭一場就能夠很快把負面情緒發洩出去。

　　他們常常容易興奮，想法直接，對未知事物很好奇，渴望被父母帶到各種新地方去，喜歡室外活動多過於坐在教室裡學習。

　　自由冒險型人是一個以未來為導向的群體，優勢在於「前瞻性」，懂得如何超越眼前的困難，把眼光放在更長遠的地方。所以隨著小自由冒險型人的長大，他也會很具有哲學頭腦，考慮問題也很宏觀，會主動去思考「人生的目的」這種大問題。

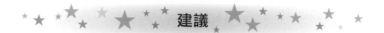

建議

　　自由冒險型寶寶很有創造力，家長應鼓勵他們的創造力和動手能力，他們喜歡嚮往自由，家長需要通過巧妙的方式讓他們覺得自己是自由的，而不是被約束，這樣有助於他們發揮自己的想像和創造力。

　　自由冒險型人天生嚮往自由，喜歡去旅行去冒險，對未知充滿著好奇心，運動細胞也比較發達，家長要注意收好家中的尖銳物品以免在孩子好動的過程中意外受傷。

　　在學習方面，自由冒險型寶寶理解能力很強，也善於融會貫通，只要是他喜歡的學科，學起來會非常快，但不足之處在於有點主觀，有時候容易先入為主，所以父母要注意在學習上他是否搞清楚每個步驟，以免囫圇吞棗和望文生義，同時在做計算題時也得細心，避免粗心大意。

　　家長對於自由冒險型寶寶的教育，可以從以下方面來入手：

一、父母不妨多帶自由冒險型寶寶旅遊，結識一些與自己生活背景差異很大的同齡人，或者異國異地的朋友，也可以給他閱讀一些講述異國文化或旅行探險類型的書籍，他會對「文化差異大的事物」很感興趣。

二、這類寶寶常常體力旺盛，但欠缺耐力，因此可以培養一

些他們的體育愛好，比如長跑、足球等。

三、帶他到處耍的時候，要特別注意教他基本的行為規範，
讓他學會考慮他人的感受。

愛情篇

　　愛有時是很脆弱的，不知道什麼時候，會發生什麼事，讓本來相愛的彼此形同陌路。明明都很愛對方，但也許就因為一個意外，讓兩人的命運就此改變。

　　沒有時光機器可以讓他們回到過去，就這樣錯過了真愛。

　　半年前，自由冒險型女孩靖兒和完美細緻型男孩已經相處了兩年，雙方家長見面，開始商量結婚的事情，但是一場突如其來的噩夢到來，打破了這一切美好。

　　靖兒是一個典型的自由冒險型人，有著強烈的自由冒險型特質，既活潑又愛冒險，精力充沛，對任何事情的態度和反應都十分的誇張，有時還顯得有些過激，但彼此相處了兩年吵吵鬧鬧也這樣過來了，但沒想到這樣的性格讓她在和男友的一次爭吵中遭遇了嚴重的意外傷害。

　　那天，靖兒不滿男孩因為公司臨時聚會而放自己鴿子，十分生氣，不開心的情緒爆發之後，還開始翻舊賬，越說越生氣，越說越委屈，在馬路邊嚎啕大哭。

　　男孩也有些不開心，為什麼每次都要自己哄著靖兒，這次的爽約並不是無緣無故的，已經解釋得很清楚了，難道靖兒不能理解一下自己，想想自己的無奈嗎？為什麼一點小事要鬧得這麼大，說好過去的事情不再提，怎麼又翻出來揪著不放了？這些想法讓男孩沒有主動去哄靖兒，只是在旁邊站

著，低頭沉默不語，聽著靖兒控訴自己。

靖兒看到一言不發的男孩，就更加生氣了，對著男孩喊道：「你現在厲害了，連哄都懶得哄了！好，你再也別來找我！」說完就朝反方向跑掉了。

男孩立刻去追，大半夜的，女孩子一個人太危險了，可是在後面越喊，靖兒跑得越快，還突然轉方向向馬路對面跑去，靖兒已經失去理智，根本沒有看到朝她過來來不及煞住車的車。直到靖兒聽到男孩一直在喊：「小心車！」，卻為時已晚。

由於車禍失血過多的她，在急救手術中兩次報了病危通知，還好頑強的求生欲支持著靖兒度過了危險期，可是沒想到這僅僅是傷痛的開始，隨之而來的是靖兒情緒上的問題。

因為她是在和男友的爭吵中意外受傷的，因此她會把問題誇大化並把所有的責任都歸結在自己男友身上，她的自由冒險型性格太強烈了，所以當靖兒遇到挫折時，就會過度放大外界對自己傷害，加上男孩隱忍的態度，使得靖兒更加不顧及對方的感受，過度放任自己的行為。

這樣大的情緒落差，讓靖兒把所有的矛頭都指向了無辜的男孩，對他肆無忌憚地發洩自己的情緒。

因為這場意外，靖兒的生活完全停滯了，無法下床走路，工作請了長假，可身邊的人都要上班，沒有辦法全天陪著她，只有男友天天陪護，耽誤了不少工作。可靖兒卻把這當成理所應當，只覺得這是他應該做的。

在她恢復期的時候，男孩是特別有責任感的，在這樣的情況下，他頂住了巨大的壓力，一直悉心照顧病中的女友。

可是他的愛也在一次又一次的埋怨中慢慢的消磨殆盡。最終導致男孩選擇在靖兒康復後，毅然決然地離開了她。

男孩說：「你總覺得我欠你的，好，我愛你，我慢慢還，可我發現這債還不完，維繫我們關係的紐帶不再是愛，而是我欠你的債，真的全是我的錯嗎？我愛你，可我的愛不是永動機，我太累了，你現在完全都好了，我還完我欠你的債了，就算你覺得我依然欠你，那我也還不起了，對不起，再見。」

這個時候靖兒才恍然大悟，自己做了多麼愚蠢的事情，但是為時已晚，對方已經關上了心門，結束的感情沒有可以商量的餘地了。

完美細緻型人特別執拗，只要他們決定的事情，也是特別難改變的。靖兒徹底絕望了，有的只剩下後悔。

想起兩個人在一起的那段時光，他對自己的任性那麼容忍，給自己最大的自由，從來沒有要求自己改變，他真的把自己寵壞了。

突如其來的一巴掌才把靖兒打醒。原來，自己一直深陷在泥潭裡，還要把對方也一起拉下水，好像只有這樣才能證明他愛自己。如果自己早一些清醒，收起那些莫名的刺，是不是就不是這樣的結局？

靖兒分手之後，她的情緒特別不穩定，特別容易激動，心情非常低落，對外界的反應也是特別激烈。可以肯定的是，她絕對沒有從意外傷害的陰影中走出來，並且又陷入了失去愛人的悲傷與無助。她每天都無法入睡，輾轉難眠，已經嘗試過許多的手段，例如催眠、針灸等等，可是她依舊無法打開心結。可是男孩已經放下了，他決定開始自己新的生活。

　　當她偷偷去看男孩的微博，看到他已經有著新的正常的生活，靖兒好像一下子開悟了，生活的腳步不會因為自己的消沉而停止，男孩離開自己就是因為自己拒絕走出陰影，總是翻開自己的傷口不讓它癒合，她要振作起來，她要主動改變。

　　她終於肯面對現實了，既然錯過了那就是錯過了，後悔也沒有用，只能收拾心情重新出發，去把未來的路走好。這個夜晚，靖兒很快就入睡了，而且睡得很安穩。

　　靖兒冷靜了一段時間，什麼都不想，把全部的精力都放到工作上，她不敢想錯過了即將步入婚姻的男孩，感情上的自己該往何處去。趁著假期，靖兒獨自定了行程，開始了一場峇里島的旅行，沒有攻略計畫，就在海邊放空自己，聽著海浪聲也讓自己心中多了些力量。開始對自己的感情有了些許期待。

　　靖兒不再在海邊徘徊，找回了當初自己對旅行以及對生活的熱情。而且一個人的旅行突然成為了兩個人結伴旅行。

　　前一天晚上在酒店，靖兒的房卡出了問題，但是由於語言溝通的問題，遲遲沒有妥善解決，一個同樣獨自旅行的背包客許諾剛好經過，幫助了不知如何是好的靖兒。但匆匆相遇沒有留下聯繫方式，卻沒想到第二天靖兒來到提前約好的車上，又看到了許諾。也許這就是緣份吧。彼此住在同一個酒店，去往同一個目的地，一路上很聊得來，原來兩個人都有共同的愛好——旅行。後來的幾天，許諾和靖兒都結伴同行，笑稱終於手機裡不全是自拍的大頭照了。

　　快樂的時光總是過得飛快，靖兒覺得自己真的可以放鬆

地面對生活了，不再緊繃的自己才更開心，許諾得知和靖兒飛往同一個城市，但不是同一趟航班，就馬上改簽，說怕靖兒一個女孩子不安全，也怕她的行李太重拿不了。靖兒感到一絲曖昧，但是心裡有些開心，沒有拒絕。

　　靖兒再次戀愛了，和許諾的愛情充滿熱情。是許諾帶著靖兒開始了新的生活。靖兒沒有忘上段感情教會自己的事，雖然依然會小任性，但已經不再一遍遍撂狠話不給對方臺階下。她學會了珍惜。她渴望自由不喜歡被管束，但是仍然希望自己闖蕩追尋之後，有一個港灣等待著自己。而這次她不再覺得這是理所應得的，她知道付出才能得到，更好的自己才會有更好的生活。

　　意外讓她失去了一段感情，同時也收穫了一個新的自己，繼而得到了新的生活。

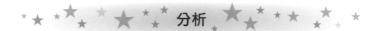

分析

自由冒險型人性格直爽，心直口快，雖然率眞，但失控之後經常會傷害到他人而不自知。這種直爽需要靠一定的理智來控制分寸，可他們偏偏不願被控制。

他們討厭一切束縛，追求言行的自由，所以他們這樣的特質一旦被激發出來，結果只會兩敗俱傷。

靖兒在愛情中一直是幸運的，遇到了那個能包容她欣賞她的男孩，但靖兒沒有看到這份愛的來之不易，所以變得越來越放肆，好像自己越過分，才能越證明他愛自己。

這樣的想法使得在意外發生後，靖兒下意識地甩鍋給男孩，選擇性地忘掉自己在整件事中的問題，甚至有些得寸進尺，對方退一步，自己就再進一步，不斷地挑戰對方的底線，直到失去這份愛。當然意外的傷害對靖兒的心理狀態影響很大，但是這樣狀態的根源依然是兩個人之前不平衡的相處模式，只是這次意外將這種矛盾激化放大，凸顯了問題所在。

自由冒險型人具有獨立精神，雖然傷心難過，會自怨自艾一陣子，但還是可以自己走出來。靖兒因爲失戀吃不下飯睡不著覺，但是一旦想清楚想明白，就可以拿得起放得下。

自由冒險型人喜歡戶外活動，而不是悶在屋子裡，所以靖兒會選擇旅行來釋放壓力，因爲還處於悲傷的情緒中，所

以選擇一個人旅行，而且一開始也是在海邊發呆。直到她打開心結可以擁抱新生活，才開始活躍起來。

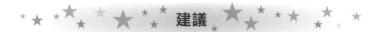

建議

自由冒險型人要記得表達與交流並不是自己一個人的事，尤其是在愛情裡，你的言行是爲了表達自己，向他人傳遞資訊，而不是不經過理性思考，想到什麼說什麼，從而被別人誤會，甚至傷害到別人。尺度與分寸是這類人需要注意的，更好的交流才是眞正的自由。

遇到一些刺激或打擊，自由冒險型人會顯得很情緒化，這很正常，但是要注意不要讓自己陷進去出不來。一些戶外的活動有助於他們打開心結，找到方向。傷心難過時，不要把自己悶在屋子裡，大自然有時擁有天然的治癒力量。

自由冒險型人追求自由，有時會矯枉過正，覺得什麼都是束縛。家庭是束縛，婚姻是束縛，可其實這是一份依靠，這類人的內心其實很需要這份依靠，但是總是把這份依靠與自由對立起來，使得自己有些彆扭。

作爲這類人的伴侶，駕馭這段感情更像是放風箏，要讓他明白你手中的線是帶他回家的路，而不是限制他的繩索。

事業篇

　　火烈鳥系人在職場中敢於挑戰，但對於沉悶的工作氛圍有些抗拒。靚萱就是一個自由冒險型人。

　　靚萱是個機靈的自由冒險型女生，天資聰穎，但對學習沒什麼興趣，她也承認自己向來不用功，稍微感興趣的課程還會多聽一聽，多研究研究，但那些不感興趣的課純屬為了及格，隨便聽一聽。

　　老師們本身還挺喜歡這個小丫頭，可又無法接受她對待學習的態度。面對老師每次的質問，靚萱倒也痛快，直接說不喜歡，沒興趣。

　　可當老師問：「那妳對什麼感興趣？」的時候，靚萱也答不上來。老師這才說，妳還沒發現自己真正喜歡的東西，難道就什麼都不做嗎？無所事事的人要如何發現自己的興趣所在？

　　這番話一下點醒了靚萱，要在過程中發現才對。便開始改變自己對待學習的態度，雖然沒有成為學霸，但是起碼端正了學習態度，想要尋找自己喜愛的東西。雖然這沒有讓靚萱的成績有什麼大逆轉，但是靚萱的生活更加豐富了，而且自己只要在進步用心往前走，老師便不會天天盯著自己，自己也會感到更自由。

　　有一天晚上，寫作業無聊了的靚萱打開電臺收音機，一開始只是一個播放流行音樂的欄目，到深夜便開始了深夜主播，陪著舒緩的音樂，播音主持人念著文學名家的著作，這檔欄目深深地吸引住了靚萱，有一些文章她是曾經讀過的，而聽著朗讀，才發現語言聲音賦予了文學作品新的生命。

　　有些文章靚萱曾在書本上讀過，可聽到讀給那麼多聽眾後，卻引發了自己的更多的共鳴，像有人在跟自己對話，有種特別的感覺。

　　靚萱找到了自己想走的方向，她也想成為用聲音寬慰別人的人。靚萱找到了屬於自己的方向——播音主持。

　　想要學習播音主持，就要成為一名正式的藝術生，將更多時間比重放在培養專業能力之上。在找老師諮詢過之後，老師說靚萱的聲音條件不錯，是可以成為一名合格的播音主持人。找到興趣所在的靚萱，像換了一個人一樣，不再覺得生活無聊，不再得過且過，而是將全部精力放在播音主持上。

　　皇天不負有心人，靚萱學習新事物很快，不久便自學趕上了藝考的進度。靚萱對待學習內容十分認真，像脫胎換骨了一樣。

　　因為之前的補習，在藝術生中也比較有優勢。靚萱高考考上了所知名度高的藝術學院。

　　沒有文化課的束縛，靚萱成為了學院的標竿，每天早早起床，在校園晨練發音和繞口令，加上靚萱的天賦，她成為學院最辛苦、最不怕苦，卻也是成績最好的人。

　　大學的頂尖生工作總是比較好找，靚萱就提前找到了專業對口，晉升空間大的職位——電臺主播。

　　後來的靚萱不願只做一件事，又不斷地激發自己，有時
不是自己的工作也會試著幫幫忙，她發展地越來越好，還有
了許多小粉絲。可她不願總重複同樣的工作，會在自己原有
的工作中，尋找更多新奇的東西，總能喚起不一樣的靈感。
這是一份讓靚萱感到幸福的工作。

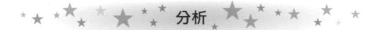

分析

靚萱對待學習工作，總是一副無所謂的樣子，因為她沒有真正找到自己的動力與熱情，所有的選擇好像對她來說都差不多，所以也就沒有積極的心去做到更好，直到發現自己想要走的路，才變得敢闖敢拚，勇往直前。

自由冒險型人追求自由，工作上也喜歡放鬆的氛圍，時間越緊張任務越密集，他們的安全感就會越低，甚至會感到有些焦慮和不知所措，想要急著逃離這種環境。所以，適合自己的工作節奏，是這類人入職前就要考慮好的。

另外，這類人在工作上會主動尋求變化，因為一成不變的工作內容，會使他們感到厭倦。就像靚萱即使喜歡主播這份工作，也會時不時地參與一些其他工作，來充實生活。這樣的工作方式也讓靚萱感到舒適、幸福。

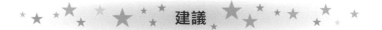

建議

自由冒險型人進入職場時，需要注意自己表現出的工作態度。沒有老闆願意看到員工散漫偷懶，即便你沒耽誤工作也一樣，所以何必自找麻煩呢。

找到自己的興趣所在，對於自由冒險型人的工作發展十分重要，但是要注意不要陷入停滯無方向的追尋，如果你還沒有發現自己的興趣所在，那麼就把手頭上的事情做好。

　　只有不斷地經歷更多的事情，才會有更多的機會找到自己發展的方向。

　　該類型人在自己喜歡的崗位上，會發揮出巨大的潛力，表現出極強的創新能力與創造力。積極主動，並且還能帶動團隊氛圍。所以，對於自由冒險型人來說，找到自己的方向是很重要的。

自由冒險型人的星晴小事

打動自由冒險型人的小事：
雖然他害怕坐過山車，但因為我的喜愛，依然陪我排隊。

讓自由冒險型人感到幸福的小事：
不願意做的事就可以不做。

讓自由冒險型人死心的小事：
每天都被查崗，一切都要彙報，完全沒有私人空間。

〈神奇的動物系人格〉

外冷內熱型

★

熊貓

成長篇

　　熊貓系人格的人小時候像個「小大人」，常被認為比同齡的孩子心理成熟些，表現地很懂事，很受老師、長輩的喜愛，這也讓熊貓系寶寶為了符合長輩的期待，而壓抑自己內心的一些情緒。小傑就是一個外冷內熱型的小朋友。

　　外冷內熱型人的小潔總是很淡定，讓人感覺不到她的情緒、感情變化。

　　一天，爸爸給小潔帶回一隻小狗，爸爸：「小潔，妳看爸爸給妳帶回一隻小狗。」

　　小狗跑到小潔身邊搖尾巴，水汪汪的大眼睛望著小潔，小潔看了看小狗，摸摸牠的頭，對爸爸說：「謝謝爸爸。」

　　爸爸說：「給牠起個名字吧，小潔想叫牠什麼？」

　　小潔說：「叫什麼都可以！」

　　爸爸：「妳不想給牠起名字嗎？」

　　小潔：「爸爸起吧！」

　　爸爸想了想：「看牠圓圓的，我們不如叫牠球球吧！」

　　小潔說：「好的，叫球球。」

　　這時，爸爸拿出了狗食：「小潔，小狗餓了，妳來餵牠吃飯吧！」

　　小潔走到小狗身邊，把狗糧倒進小狗的飯盆裡說道：「吃吧。」然後小潔就跑去繼續看電視了。

爸爸來到媽媽身邊說：「小潔好像不喜歡小狗，我還以為她會很開心呢！」

媽媽說：「看樣子是不喜歡。」

爸爸：「那我還是把小狗還回去吧，聽說還有好多喜歡小狗的想收養呢！」

媽媽：「還回去吧，反正小潔也不喜歡。」

小潔的不表達，讓媽媽看不出她喜歡什麼，更會誤解為什麼都不喜歡。

第二天，媽媽帶著小潔去買衣服，爸爸便去把小狗換了回去。

來到商場，媽媽帶小潔逛了最大的童裝店，媽媽說：「小潔，妳看，好多漂亮的衣服，妳自己選吧，看看妳喜歡哪個。」

媽媽帶著小潔轉了一圈又一圈，媽媽每拿一件衣服給小潔看，小潔都表現得既不喜歡也不討厭的樣子，媽媽只好選了幾件她覺得好看的衣服讓小潔試。

小潔穿上給媽媽看，可是媽媽還是覺得小潔都不太喜歡的樣子，最後一件都沒買，打算再逛逛其他地方。

媽媽帶著小潔去喝飲料休息的時候，發現小潔似乎不大高興的樣子，媽媽問道：「小潔，妳怎麼了？不開心嗎？」

小潔：「媽媽，妳為什麼沒給我買衣服呢？」

媽媽：「妳喜歡嗎？媽媽以為妳不喜歡才沒有買，妳喜歡哪件？」

小潔：「就是剛剛試穿的紅色連衣裙。」

媽媽：「哦，那件呀，那我們現在就去買吧！」

於是媽媽帶著小潔回到那家店，買了小潔喜歡的衣服。

媽媽：「這回小潔高興了吧？」

小潔點頭，卻沒有表現出高興的樣子。

媽媽：「小潔，以後遇到自己開心或者不開心的事，都要告訴媽媽，要說出來，這樣大家才知道妳的想法，好嗎？」

小潔：「嗯，知道了，媽媽！」

小潔的淡定，讓爸爸媽媽誤解她不喜歡小狗，當發現小狗不在了，強烈的傷心情緒才讓她表現出來。

拿著新衣服，小潔和媽媽一起回了家。到了家裡，爸爸媽媽發現小潔到處找什麼東西。

媽媽：「妳在找什麼呢？」

小潔：「小狗呢？球球怎麼不見了？」

爸爸：「妳不是不喜歡嗎？爸爸把牠還給小狗的主人了。」

聽到這裡，小潔終於忍不住，委屈地哭了起來。

爸爸抱起小潔：「怎麼了？妳想要小狗嗎？」小潔邊哭邊點頭。

爸爸：「原來妳喜歡牠呀！我們還以為妳不喜歡小狗呢。」

小潔邊哭邊說：「喜歡，我喜歡球球。」

爸爸：「好啦好啦，別哭了，明天爸爸去把球球接回來，好嗎？」

小潔終於停止哭泣：「好，爸爸把球球接回來。」

媽媽看到這些，對小潔說：「小潔，妳要表達出自己的感情，比如妳喜歡小狗，那就表現出來呀，妳可以多摸摸牠，和牠一起玩。以後無論是厭惡、喜歡還是愛，都要表達出來，

知道嗎？」

爸爸：「對呀，妳不表達出來，大家就不知道妳的真實想法，也會減少妳和大家的溝通和交流。」

小潔似懂非懂地點頭答應。

第二天，爸爸把小狗接了回來，一進門，小潔就把小狗球球緊緊抱在懷裡，小狗也很開心地伸舌頭舔著小潔。

小潔：「爸爸你看，我喜歡球球吧。」

爸爸笑著說：「這才對呀，妳看，球球也很喜歡妳。」

之後，小潔每天都和球球一起開心地玩耍。

在父母的正確指引下，小潔知道了自己要表達情緒和想法，也嘗試表達出自己內心的感受。

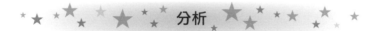

分析

外冷內熱型人本身就代表規則和秩序,所以此類型的小朋友是十二種動物系人格中,最看重紀律和規則的,只要是老師或家長定下的規則,小外冷內熱型人就會遵守。

外冷內熱型人很嚮往權威,所以很多外冷內熱型的小朋友都很樂意成為班長,代替老師履行管理班級的責任。

對於大人來說,外冷內熱型的孩子讓人很放心,他們從小就很懂事,很少會為了想要某個玩具而大哭大鬧,只要跟他講道理,他們一般都會接受。

不過總是很淡定的他們,有時會讓人感受不到他們的喜好和情緒,很多情緒都只能靠人猜,有一種老成的感覺,這會讓他們的童年容易感到孤單。

小潔面對自己喜歡的寵物和衣服,都沒有表現出特別的喜愛,直到球球被送走、離開商場之後,小潔感到失去,才會控制不住情緒,表現出來。

外冷內熱型的孩子,防禦心比較重,所以不會輕易和他人主動交流自己的想法,他們內向樸實,害怕遭到拒絕,總得到負面的回應,會讓他們失去主動的勇氣。

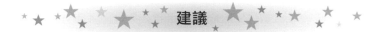

建議

　　雖然外冷內熱型寶寶比一般孩子早熟，也很守規矩，但父母仍需多留意他們的情緒變化，了解其眞實感受，指引他們正確表達自己的情感。

　　雖然外冷內熱型的孩子不怎麼愛表達，但心裡其實一直在思考，也在觀察身邊的人和事，所以作爲家長，要注意自己的言行，每個細節都會對他產生不小的影響，不要因爲他不善表達，就忽略他敏感細膩的內心。

　　同時，畢竟是小孩子，所以這類寶寶偶爾也會有調皮搗蛋的時候。在這時，請不要批評他：「如果你不守規矩，媽媽就不喜歡你了！」這會加重他的防禦心和情感隔閡。

　　父母可以適當地讓他發洩情緒，要知道，當外冷內熱型人孩子長大之後，會背負起更多來自社會的框框。

　　所以對他來說，童年的小小任性是非常寶貴的。

　　外冷內熱型人的孩子，有較強的組織能力和紀律觀念，對自己也有一定程度的要求。不喜歡的課程，也會要求自己達到一定水準，不可以太差。

　　他們早早就可以理解基礎的重要，做事穩扎穩打，讓人省心。只是固執的脾氣會讓周圍的人有時不知該如何與之相

處，會有一定距離感。所以在童年時期要注意不要固化孩子的思維與想法，引導他看更多種可能。

父母在外冷內熱型寶寶的教育方面，可以嘗試以下方法：

一、鼓勵孩子講故事給家長聽，讓他們慢慢習慣主動地表達自己。

二、讓孩子多參加一些表演、舞臺劇之類的社團活動。

熊貓系人在感情中有時會顯得有些沉悶，內心的熱情難以讓他人看到，容易被誤解或忽視。

孟婕是個外冷內熱型的女孩，對待感情相當慎重，在情感上的經歷不算多，受過傷，也傷過別人。

孟婕在學校時就顯得比同齡的人早熟一些，遇事也比較冷靜，其實她心裡早就對愛情有憧憬，也曾有暗戀對象，但周遭的朋友們都從未發現。

孟婕很少向別人坦白自己的內心世界，即使是最要好的朋友，也是好幾年後才知道當年孟婕暗戀的事。

大學時，孟婕開始了自己的初戀，男孩是學校樂隊的吉他手，不愛學習，是那種想要把搖滾態度帶入生活的人。其實這個男孩並不是孟婕特別喜歡的類型，和之前自己暗戀的人也完全不同，但是這個男孩特別主動，才讓這段感情有了開始的機會。

孟婕是渴望愛情的，但當時的她還不懂愛情，也不知道如何追求，只能等待自己喜歡的人也剛好喜歡自己，卻等來了這個男孩。

孟婕不知道自己喜不喜歡他，只覺得對方不討厭，於是就在男孩的追求攻勢下同意與他交往。

校園裡玩搖滾的男孩總是熱烈的，但有些感覺來得快也

去得快。孟婕本就是一個不愛表達的人，尤其在第一段感情中，還不知該如何相處，面對男孩的熱烈，孟婕不知道該如何回應，這種不回應，對於男孩來說就像一盆冷水，澆滅了男孩的熱情。

男孩試著和孟婕溝通，希望能更加了解孟婕，可依然有種被拒之門外的感覺。孟婕只要一生氣就冷戰不說話，兩個人根本連架都不知道怎麼吵。

男孩束手無策，孟婕心裡也覺得不好受，很想主動做些改變來適應對方，於是便提議，不然叫上朋友們一起出去玩，認識彼此的朋友後，兩人的關係可能會更放鬆。

漸漸地，兩個人的約會少了，總是一群朋友出來玩，孟婕總帶著室友圓圓一起，和男孩樂隊的朋友們以及他們的女朋友都混得很熟。孟婕在許多朋友的相處中，漸漸開始打開心門，開始主動地告訴男孩自己心裡的想法，兩個人的溝通順暢起來。

可是彼此的關係好像問題更多了，男孩總是不滿意，孟婕傻傻地以為自己談戀愛沒有經驗，都是自己的錯，她要試著改變自己，讓自己變得浪漫一些。

孟婕參加了學校的一個比賽，跟著團隊去上海一週，兩人在見不到面的這幾天裡，天天透過網路聊天，抽空視訊，讓孟婕倍感甜蜜，原來這就是愛情的滋味。

所以在得知比賽可以提前一天結束行程，孟婕拒絕了和隊友們在北京玩的提議，就想著提前回學校，給男孩一個驚喜。因為每天男孩都會說他想孟婕，而孟婕也想念男孩。

孟婕沒有告訴男孩，自己提前一天傍晚回到學校，而是

到了學校之後直奔男孩樂隊的練習室，她知道最近樂隊在準備專場演出，所有人幾乎全天都在練習新曲子。孟婕來到練習室，大家剛好都在休息，可是沒有看到男孩，而且好像其他人對於自己的出現有些詫異，氣氛有些怪怪的，孟婕問男孩在哪兒，他的朋友老張説：「出去上廁所了吧，一會兒就回來了。」説完尷尬地看了自己女朋友一眼，趕緊低下了頭。

旁邊老張的女朋友白了老張一眼，跟孟婕説：「在湖邊那座涼亭裡呢！」

孟婕感到有些不安，急著跑出去，卻看到涼亭裡有對男女卿卿我我，傍晚的湖邊沒有什麼人，格外地安靜，男孩擁抱著的女孩，正是圓圓。

孟婕看著那熟悉的身影，一句話都説不出來，也無法再往前走一步。便趁著他們沒看到自己，轉身逃回了宿舍。

孟婕無法接受，早早地躺在床上卻無法入睡。過了一會兒，男孩打電話過來，孟婕掛斷了，男孩又不停地打，孟婕就把手機關機了。快到熄燈的時間，圓圓才回到宿舍，什麼都沒有説，孟婕也假裝睡著了。

後來，孟婕不願再提起這段感情，與男孩乾脆地分手，和室友圓圓也有了隔閡，從好朋友退到了朋友。這段感情讓孟婕打開的心門又上了鎖，並且鎖得更緊了，對待新的感情更加沒有主動的勇氣。

孟婕之後也談了幾次戀愛，但是卻好像刻意地不讓自己看起來太認真，總是表現出無所謂的樣子，像是在遊戲一樣，這讓對方感到有些不舒服，好像沒有得到重視，只是打發寂寞而已。

　　孟婕其實每次愛情都是真心，但是又不知道在害怕什麼，總在掩飾自己，分手的時候也會痛，但是卻假裝若無其事，好像看透了愛情一樣，覺得分手是早晚的事。對於「出軌」，孟婕變得十分敏感，不願意讓自己的朋友與男朋友接觸，更不能互留聯繫方式，連多說一句話，都不自覺地想一些不好的可能。有時候孟婕也覺得自己有些神經質了，可是卻控制不了。

　　時光飛逝，孟婕進入大四，快要畢業了，她曾經嚮往的感情好像都被初戀毀了，也好像是被自己毀了。可是偶然看到自己曾經暗戀的那個人的新動態，孟婕不想放棄，當初對感情的憧憬是那麼美好，多麼想要一段簡簡單單長長久久的校園愛情，這份憧憬又被最初心中愛情的火苗點燃了。

　　她暗戀的博宇，是自己的高中同學，坐過一段時間同桌，互相放哨「輔導」作業的革命友誼，讓孟婕和博宇成了好朋友。但是上了大學之後也只是偶爾聯繫，雖然在同一個城市，但是卻在城市的不同方向，很少見面。

　　博宇在大學有過女朋友，但是好像不愉快地分手了。孟婕以為當初青澀的暗戀只是過往雲煙，卻在兜兜轉轉之後發現，可能那時候才是最發自內心的喜歡。

　　孟婕想要抓住這段緣分，想要感受主動追求自己的幸福是什麼樣的體驗。剛好，大四開始了實習，工作地點離學校有一定距離，需要租房，得知博宇已經實習了一段時間，便以此為契機，去問博宇有什麼需要注意的，還有租房的行情。

　　博宇對孟婕的詢問也十分上心，說自己住的地方離孟婕的工作地點也很近，推薦孟婕可以在自己的社區租房，離得

近也方便老同學互相照應，幫忙搬東西也方便。孟婕當然就順水推舟，住到了博宇的樓上。

已做好心理建設的孟婕，做好了主動出擊的打算，卻沒想到搬進同一棟樓之後，博宇表現得十分主動，總是約自己下班一起吃飯，還會幫自己帶早餐。後來約著上班一起走，即使不順路，只能一起坐兩站地鐵便分別走向不同的方向。

兩個人對升溫的曖昧氣氛似乎都很享受，又很有默契地誰也沒有點破。一個週六的晚上，博宇對孟婕說：「不然來我家，我給妳做飯吃吧，我做幾個拿手菜妳嚐嚐，在我家妳也省得洗碗了，正好妳那天不是說想看的電影已經下線了沒來得及看嗎，我看電視上申請個會員就能看了，晚上正好一起看。」

孟婕假裝沒有波瀾地說：「好啊，不然週末太無聊了。」其實內心小鹿亂撞。博宇在廚房忙活了好久，孟婕就在旁邊幫忙，吃了一頓豐盛的晚餐，收拾乾淨後，博宇打開電視，拿出提前給孟婕看電影準備的零食和飲料，播了孟婕之前提過想看的那部愛情片。

那部片子在講一段不斷錯過的愛情，男女主角繞了一大圈，在最燦爛的青春逝去之後才真正在一起。孟婕看得有些動容，不知道哪裡來的勇氣回頭問博宇：「你喜歡我嗎？」博宇還沒反應過來，孟婕緊接著又說：「我早就喜歡你了。」博宇笑了，揉揉孟婕蓬鬆的頭髮，笑了笑說：「我也是。」

原來，孟婕早就等到了「我喜歡的人剛好也喜歡我」，只是兩個不擅長表達的人在懵懂的年紀錯過了彼此。當時的博宇和孟婕都喜歡上了「同桌的你」，還好，繞了一小圈還

是等到了。她突然知道了該怎麼去愛，知道了什麼是追求，什麼是把握。

孟婕和博宇攜手從校園走入社會，步入婚姻。孟婕在與博宇的相處中，不知不覺中學會了冷戰時的破冰，開始會撒嬌，發現小吵小鬧有時候也是生活的調味品，她放心地把自己的真誠展現給博宇，不再掩飾心中的不安全感，也會吃醋，但是學會了溝通解決。

她相信這是最好的相遇，最美的時光。

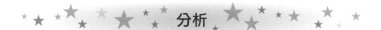

分析

外冷內熱型人總是不動聲色，喜怒不形於色，讓人有時捉摸不透。孟婕在感情中很少表達，讓人感受不到情緒，很多時候只能靠猜。冷靜是外冷內熱型人的常態，但其實內心十分火熱。

孟婕的青春期顯得比別人成熟，好像沒有表現出對戀愛的情愫，但其實內心對愛情充滿著嚮往。外冷內熱是外冷內熱型人對待愛情的態度，他們總是很矛盾，給人古板保守的印象，卻嚮往放縱去愛放肆去瘋的生活。

但無論如何，外冷內熱型人依然追求穩定的感情，他們不要曾經擁有，而是永遠的相伴。所以這類人對待感情很認真，做選擇時會考慮現實的因素，只有在現實可能的基礎上，才會偶爾任性釋放內心的小野獸。

孟婕的初戀雖然一開始沒有深愛，但是決定在一起之後，她就會盡力去維護這段感情。對方對自己提出的不滿，她也會努力改變。

然而，受傷後的外冷內熱型人會很難走出來。一朝被蛇咬，十年怕井繩，孟婕因為男友出軌閨蜜，從此都會害怕類似的狀況再度發生，對朋友與男友之間十分敏感，有時甚至反應過激。

外冷內熱型人一旦形成定見，便很難改變。因爲之前的傷害，會讓孟婕把閨蜜和男友的交流，與之前的男友出軌這件事在潛意識建立連結，一旦看到他們私聊或按讚，就會有不好的聯想。受過傷的外冷內熱型人很難走出感情傷害，會加強自己的防禦意識。

外冷內熱型人很少會閃婚，再衝動也很快會被自己的理智控制住，可他們結了婚就很少會離婚，因爲進入家庭的外冷內熱型人很有責任感，婚姻會比較穩定，一切問題都在婚前考慮到了，如果用心經營婚姻，就會令彼此都感到幸福。

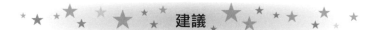

建議

外冷內熱型人在愛情中比較慢熱。謹愼與穩重固然是好事，但也無需太過死板，愛情並沒有什麼道理可言，所以有時也不用太過嚴肅緊張。

外冷內熱型人的性格有些沉悶，因此在愛情中就更要主動調整自己的心態和做法，試著把內心的想法轉化成言語、甚至肢體語言來傳達給對方，如此一來便會減少許多誤會。

外冷內熱型人總是做得多說得少，是一種讓人後知後覺的愛。但有時候愛就是要把握當下，該爭取、該挽回的時候，也要打破內心對自己的束縛，不要等到失去彼此才後悔莫及。

外冷內熱型人很懂得珍惜愛情，對待愛情十分認真，對於劈腿出軌的事情感到不齒。所以他們選擇的伴侶應該是與他們有相同價值觀的人，對待家庭有責任感，忠誠於感情。

外冷內熱型人經過長期的相處才會確定結婚，所以家裡人催婚是沒有用的，當他自己確定了那個人，自然會將結婚提上日程。

事業篇

　　<u>熊貓系人對於事業十分看重，也相信腳踏實地才能取得成功。</u>樊超是一個看重事業的外冷內熱型人。

　　樊超很幸運地在大學主修到自己喜歡的專業——新聞學。他立志當一名優秀的社會記者。一名記者不但需要學校的知識栽培，同時還需要很多的實習經驗。好在學校給了很大的空間，讓學生們多多參與實習工作。

　　記者是份辛苦的工作，採寫編的工作量都很大，還要到處跑來跑去，同專業的同學們大多會實習一個週期然後歇一歇，基本上完成要求的實習任務量就跑去休息了，而樊超卻成為了睡懶覺大軍中的一股清流。

　　他一旦投入工作就像陀螺一樣轉不停，不僅從來不拖稿，還總超額完成任務，一個剛開始只是打雜的實習生，卻具備當主編的企圖心，為了稿件，又跑腿、又加班，還會做出一些優化方案。

　　漸漸地，主編也把他當正式員工，成為主編的得力助手。主編見過許多努力表現的實習生，但樊超卻與他們不同。

　　樊超一切的出發點都是把事情做好。加班在樊超眼裡並不是什麼痛苦的事，他不會為了加班而加班，而是為了工作的品質，為了第二天進度的保持，都是有價值的加班。

　　其實在學校中的樊超並沒有多麼突出，雖然他對待每門

課都很認真，但遠不比在工作中這麼拚。大學四年，樊超在很多崗位上實習，紙媒、新媒體、電視臺都待過，每一份工作都穩紮穩打，在畢業時選擇做一名科技記者。

他更習慣於科技技術文章的語言風格，有一說一，理性客觀，不像娛樂人物新聞等，太過感性的東西摻雜其中，樊超的理智，有時候在人物新聞上顯得有些無趣。倒是面對本就看似無聊的科技新聞，樊超有一種理工科直男的幽默，很快抓住重點，表達也讓人容易讀懂。

正式工作後的樊超更拚了，四年的大學時光，樊超就在忙碌的實習中度過，只談過一次戀愛，卻因為人文系的妹子不理解為什麼大學的實習還可以天天忙的不見人影，談個戀愛有時一天都說不上兩句話，乾脆好聚好散了。記者的工作本就忙碌，好像都是工作狂的狀態，可樊超來了之後，成為了公認的「工作狂」，在如此忙碌的工作環境中，依然是表現突出的「拚命三郎」。

樊超穩紮穩打，一步一腳印，從記者一直做到管理層。他的成績總是厚積薄發，不是劍走偏鋒獲得關注，而是把每一個細節都仔細落實，交辦到他手裡的事項總是能妥善地完成。也因此，他年紀雖然不大，卻因為這樣的特質而成為了許多人眼中的「老大哥」。

進入管理層的他，仍舊會認真地盯採訪、守住細節，組織團隊的人完成最好的配合。

當初那個不太懂得考試技巧的樊超，卻知道做好一份工作的祕訣──腳踏實地。

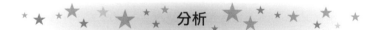

分析

外冷內熱型人並不喜歡鑽研一些所謂的技巧或是捷徑，他們更願意相信好好走好每一步，就能收穫自己想要的結果，也許有時候會吃虧，但是他們通常會堅守自己的原則，因為這樣最心安理得。

樊超在學校中成績不錯，但其實並不突出，因為新聞的理論與實踐之間存在一定的距離，學習理論的目的其實就是為實踐提供方法論，考試更側重於理論，實踐的部分很難體現，但對於記者這份工作來說，實踐十分重要。樊超的目標在於做一名好記者，而不是理論課程拿高分，所以他會把更多的精力放在實踐上，因此容易忽視一些理論課答題的技巧。

外冷內熱型人大多都是工作狂，他們願意付出最大的努力來把工作做到最好。他們的做事態度會隨著時間，漸漸顯現出優勢。樊超進入工作環境，雖然當初還是個新人，卻沒有年輕的浮躁，力求扎實穩固，不投機取巧，這一切都讓上司和同事看在眼裡。所以外冷內熱型人堅持自己的準則，在職場中很容易得到賞識，有著年輕有為的潛質。

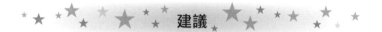

建議

外冷內熱型人把所有精力都投入到事業中，很容易忽視人際交往。但人類是社會動物，需要與他人溝通交往，即便

你的工作做得很好，很多時候還是需要團隊配合，也許你不精於交往，但也要注意不要讓人情世故成為你的弱點，若是因此而讓工作成果因為其他因素打了折扣，得不償失。要記住一個人的力量是有限的，集體的力量才是無限的。

外冷內熱型人表面只是埋頭工作，不問前程，其實是把野心藏在心裡，內心有著巨大的版圖，一步步實現自己的目標，所以不要小看踏實做事的外冷內熱型人，他們通常是在事業上成大事的人。

另外需要注意，在遇到瓶頸時，不要鑽牛角尖讓自己進入死胡同，不如換個視角開拓一下新的思路，將會得到意想不到的效果。

外冷內熱型人的星晴小事

打動外冷內熱型人的小事：
我一直心心念念喜愛的那雙鞋，只是偶爾說起，情人就去買了給我。

讓外冷內熱型人感到幸福的小事：
兩塊錢的刮刮樂中了十塊錢。

讓外冷內熱型人死心的小事：
發現情人與其前任說跟自己在一起過的不好。

博愛鬼馬型

★

貓頭鷹

成長篇

　　貓頭鷹系寶寶從小就有天馬行空的想法，充滿創造力。博愛鬼馬型人的小瓶子是個想法多變的小朋友，在做事情的過程中不斷思考，不斷有新的想法出現。

　　某天，媽媽下班後給小瓶子買了一個洋娃娃，小瓶子喜歡極了，天天抱著洋娃娃，沒幾天，洋娃娃的衣服都髒了，小瓶子嫌棄地把娃娃的衣服脫下來，可是娃娃就沒有衣服穿了。

　　小瓶子把娃娃拿到媽媽身邊說：「媽媽，妳有布嗎？娃娃衣服髒了，沒衣服穿她會感冒的！我要給她做衣服！」

　　媽媽想了想說：「讓我找找你小時候的衣服吧，你拿去給她做衣服。」

　　媽媽從櫃子裡翻出幾件小瓶子的小衣服拿給小瓶子：「小瓶子，你會縫衣服嗎？」

　　小瓶子搖搖頭：「媽媽妳幫我好嗎？我們一起做。」

　　媽媽：「好啊，小瓶子做設計師，媽媽給你當小裁縫！」

　　小瓶子拿來畫本，歪七扭八地畫著小衣服。

　　小瓶子指著自己的畫說：「媽媽，做個這樣的褲子吧！」

　　媽媽看了看說：「好啊。」然後剪了塊布下來，準備做褲子……

　　小瓶子想了想說：「媽媽，我們做個吊帶褲吧，加兩個

背帶這樣更好看！」

　　媽媽看了看手裡的布：「嗯，也可以呀。」

　　過了一會兒，小瓶子想了想：「不然改成裙子吧，這樣可以畫更多圖案。」

　　媽媽想了下：「不行，小瓶子，媽媽把布剪開了，已經不能做裙子了。」

　　小瓶子說：「那好吧⋯⋯」

　　媽媽便開始縫製褲子的褲腿，這時小瓶子又突發奇想：「媽媽，那把褲子剪短，就可以做成短裙啦。」

　　媽媽說：「好吧⋯⋯」

　　於是媽媽把做好的褲子改成了吊帶裙。但是媽媽覺得小瓶子總在變化，不如一開始就把褲子做好。

　　媽媽說：「你看，小瓶子，因為我們總是在改變計畫，明明一開始準備做褲子，但是最後成了吊帶裙，所以沒有達到最好的效果。你覺得呢？」

　　小瓶子卻有些不解地說：「我覺得很好啊，我很喜歡這個吊帶裙，比之前設想的普通褲子好看多啦。」

　　媽媽說：「好吧，你覺得好就好啦，你來為吊帶裙畫上喜歡的圖案吧。」

　　因為小瓶子一時一個想法，媽媽覺得這樣很容易帶來不好的後果，媽媽想讓他意識到，有很多想法是好的，但是因為自己變化多，不夠堅持就無法做到最好，但是小瓶子卻覺得這樣不斷的更新自己的想法很好，並不理會媽媽怎麼想。

　　晚上，媽媽要去做飯，小瓶子說：「媽媽，妳要做什麼呀？我幫妳吧！」

媽媽説：「我給你蒸饅頭吃吧！」

小瓶子開心的説：「好哇，媽媽，我能自己做個小動物嗎？」

媽媽説：「可以呀，坐在媽媽旁邊，媽媽給你一塊麵糰。」

小瓶子拿著麵糰説：「我要做個小熊的頭……」

可是，剛做到一半，小瓶子又不想做小熊了，把麵又揉成一個團。

媽媽説：「怎麼了，小瓶子，你不做小熊了嗎？」

小瓶子説：「媽媽，妳每天那麼辛苦，我想做朵小花送給妳！」

媽媽説：「小瓶子長大了，還會心疼媽媽。」

小瓶子想著小花的樣子，開始做起了小花，只見小瓶子捏了捏又揉成麵糰，再捏捏又揉回麵糰，半天什麼都沒做出來。

媽媽問：「小瓶子怎麼了？不會做了嗎？」

小瓶子説：「我在想做個什麼花給妳，我想捏外邊花園裡的大花，又想捏玫瑰花……」

媽媽説：「小瓶子，你捏什麼媽媽都喜歡，你想做什麼都可以，先做出來一個，不然一會媽媽拿去蒸了，你什麼都做不出來呢！」

小瓶子説：「好吧，媽媽，妳等我一會兒。」

於是小瓶子捏了個奇形怪狀的花給媽媽，媽媽説：「很好看呀，這麼快就做好了，媽媽再給你一塊麵，你可以再做一個。」

小瓶子開心地接過麵糰，做了一個小熊腦袋，然後遞給

媽媽說：「媽媽，我又做好了！」

媽媽說：「小瓶子真厲害！你看，想做什麼就堅持做，要是像剛才那樣，就會想了好幾種，結果一個都做不出來吧！」

小瓶子說：「媽媽真聰明！」

<u>同樣是因為不能堅持，總是多變的想法，導致很長時間什麼都做不出來，媽媽讓小瓶子意識到，這樣會一事無成，浪費時間，有很多想法，就必須一一實現才行。</u>

媽媽看著小瓶子做的小熊，然後拿來兩顆紅豆給小熊當眼睛，媽媽對小瓶子說：你看，這樣是不是更像小熊了！

小瓶子拍手叫好：「媽媽好厲害，媽媽可以再給我拿個大點的豆豆嗎？小熊沒有鼻子呢！」

於是媽媽給小瓶子找來一顆大豆放在了小熊的鼻子上。

小瓶子開心極了，對媽媽說：「媽媽，我們快拿去蒸吧！」

媽媽把饅頭和小瓶子做的小花、小熊拿去蒸了。

過了一會兒，饅頭熟了，媽媽把小瓶子做的小花和小熊端給了小瓶子。

媽媽：「小瓶子你看，這是你做的！」

小瓶子睜大了眼睛：「哇，太棒了！這朵小花是媽媽的，小熊是我的！」

然後小瓶子和媽媽一起開心的吃起了他做的小饅頭。

媽媽鼓勵小瓶子的創造力，並幫助他把小熊做得更好。

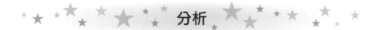

分析

博愛鬼馬型人的孩子擁有天馬行空的想法，想法多且善變，跳躍性思維有時會讓別人跟不上。他們從小就想得多，有時想法變得太快，行動卻跟不上，所以經常想多做少，或者每種方法都想試試，最後卻都沒做成。

就像小瓶子在做衣服時，行動跟不上想法變化的速度，一個作品還沒做好就想著下一個，導致最後什麼都沒有做出來。捏麵糰時，在媽媽的指導下，小瓶子知道了只有行動才能實現腦袋裡的各種想法，沒有行動是不行的。他們有珍貴的創造力，但一定要引導他們不要糾結陷入多變的思考中，而不付諸於實際行動。

博愛鬼馬型人的孩子經常出現天才型的寶寶，對新奇的事物充滿極大的好奇心，需要挖掘他們的興趣愛好，激發他們的潛能。

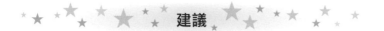

建議

博愛鬼馬型人的孩子不喜歡和別人一樣，有一種「想把自己與旁人區分開來」的強烈驅動力，哪怕是在選玩具的時候，也要選和其他小朋友不一樣的，而長大了的小博愛鬼馬型人，也不會屈服於某種權威。

所以父母需要珍惜他的獨特性，不要教導他隨波逐流，

如果他表現出對某種才藝的興趣，哪怕再小眾，也得讓他感受到父母精神上的支持，積極為他創造學習條件。

另外，在教育方式上，千萬不要動用家長的權威來逼他做某件事，比如「我是你媽，所以你必須聽我的」或者「這是老師說的，所以必須聽從」，這樣的教育方式對於小博愛鬼馬型人是行不通的，他會嗤之以鼻，特別是在青春期，更容易激發他的叛逆情緒。

博愛鬼馬型人生來就應該成為以完全不同的方式去思考的人，這是博愛鬼馬型人獨有的天賦，所以父母需要平起平坐，把他當成真正的朋友一樣平等交談，尊重他、引導他。小博愛鬼馬型人其實是很講理的，雖然不擅長用甜言蜜語來討大人的歡心，但只要道理上他認可，就會由抗拒轉變為敬佩，會很主動的配合大人。

面對這類型寶寶的教育，家長可以從以下方面入手：

一、如果他表現出對某種才藝的興趣，哪怕再小眾，也得讓他感受到父母精神上的支援，積極為他創造學習條件。

二、在和孩子意見出現分歧時，需要以平等地姿態與孩子溝通來說服他。

三、尊重他的不同之處，不要過多地將他與其他孩子比較。

愛情篇

　　貓頭鷹系人在感情裡注重感覺，但是在相處中有時卻格外理性，讓人感受不到溫度。平平就是一個博愛鬼馬型人。

　　博愛鬼馬型人的平平曾有許多開始感情的可能，但卻總是胎死腹中。平平思維很跳躍，和她聊天總是特別有意思。雖然看似人緣佳，但真正能走進她心裡的好朋友卻不多。一隻手都數得過來的閨中密友，多是被時間篩過依然聊得來的朋友。

　　平平的感情，也都是從朋友開始萌芽，她覺得和男生像朋友一樣相處是件很輕鬆的事情，她早就察覺到了男女思維方式的差異，所以和男生交流都比較直接簡單，只要人品沒有問題，她覺得有幾個好哥們兒是件不錯的事情。

　　可後來她才發現，男女之間的純友誼太難了，男孩子大多只會花費時間精力到自己有所企圖的女孩子身上，真心交朋友的根本沒有幾個。

　　平平遇到的對象，都是做朋友很愉快，可是再進一步就無法接受，所以那些把關係推向曖昧的男孩子被冷暴力，和平平連朋友都沒得做。平平也沒什麼解釋，連好人卡都不發，趁著對方表白的話還沒說出口就直接不理人家了。

　　其實平平心底是想談戀愛的，但是沒遇到來電的對象，她是不願意湊合的。平平心裡沒有像周圍的朋友那樣有一個

理想的標準，什麼高的矮的胖的瘦的，愛情這條路上平平漫無目的地尋找，都沒有結果，甚至仗著自己年輕就乾等著。

直到她偶然看到了一位讓她心動的人，突然找到了追尋的方向。這次平平理解了，原來不只是男生主動和女生交朋友大多有所企圖，女生也一樣。平平開始想辦法接近那個人，打算先和他成為朋友。

男孩是和平平同一所大學的一個學長，在學生會主管學校的文藝及講座活動，據說還代表學聯和各種機構談合作，談了好多優質的資源，組織了幾場火爆的講座。總之，在剛入學的低年級學弟學妹中有著大神學長光環。看著男生在報告廳為大家介紹著接下來即將舉辦的活動，以及他本人的社交帳號，平平拿出手機，發出了好友申請。

事情的發展有些出奇的順利，好友通過之後，從一次簡單的諮詢成為了日漸頻繁的聊天，互相評論點讚，好像熟得很快。像從前那些萌芽的感情一樣，一路從陌生人推向了曖昧。

這次平平想要試一試，她說不上喜歡男孩什麼，也許只是因為在某一方面平平會仰視他。

曖昧之後不久的兩個人就正式開始交往，可是並沒有多熱烈。平平不愛發朋友圈秀恩愛，戀愛談得特別低調，反而是男孩會要求平平發朋友圈。平平覺得私密的情感並不一定要告訴所有人，並且心中也沒有真的想秀恩愛的衝動。

有什麼話明明私信就好，卻偏偏發到朋友圈，自己刷朋友圈才看到，這樣好奇怪，好像不是說給自己，而是做出來給別人看的。

這是兩個人的感情第一次遇到的大分歧，平平看出來男生對這一點很不滿意。可能這就是對方喜歡的方式，平平也開始試著發一些，但都是在兩個人有矛盾或冷淡的時候，不得不用這樣的方式緩解，好像平平的秀恩愛成為了一種低頭示弱，對平平來說這更像一種強迫的懲罰。

後來，男生的要求越來越多，總是在說平平「應該」是什麼樣子，這讓平平感到很不舒服，有種要被改造的感覺。

雖然平平確實沒有談過戀愛，但她覺得如果要為愛情把自己改變成另外一個人，那當初為什麼不直接去找那個「應該」的人呢。

平平跟男孩說了自己的想法，卻又被教訓了一頓，說平平沒長大什麼都不懂，沒有完全合適的兩個人，愛情就是要為對方做出改變，彼此適應。平平好像被說服了，是啊，人本來就是變化的，既然都要變，不如變得更適合對方，但隱約又覺得哪裡不對，直到分開後，才恍然發現，這種改變應該是互相的，而且並非用改造的方式。

平平和男孩在這次溝通時，已經交往三個月了，這是第一次平平對這段感情感到猶豫，可是被男孩說服了。與此同時，新進入學生會的平平認識了另一個男孩錦昂，是同一部門的同事。

平平對錦昂有不一樣的感覺，雖然才剛剛認識，卻一見如故。她雖然知道自己有男朋友，可被說服的心看到錦昂又有些猶豫了。心中有些期待錦昂是單身，可是看到錦昂的手機桌面是他和女友的合照，平平有些失落，但又覺得鬆了口氣。不用糾結了，可以專心當同事了。

　　可能是因為彼此都有另一半，平平和錦昂熟悉地非常自然，彼此默契地把握著分寸，有最舒服的朋友距離，平平也把心思都放在與現任男友的感情上。

　　這段感情中，兩個人有開心的時候，好像按著男孩的步調解決著兩個人之間出現的問題，越來越好，可是平平卻感覺越來越累，越來越不像自己。可是平平卻不知道該跟誰去說，周圍的人看著男孩發布的各種曬恩愛的狀態，都覺得男孩對平平特別好，以為兩個人的關係也真如網路上看到的那樣如膠似漆。

　　平平內心越來越抵觸，自己已經在努力改變，男孩卻依然控訴自己太過冷淡，說平平不愛他，平平聽到這樣的話越多，越不想說甜言蜜語，更不想發朋友圈秀，平平覺得也許這並不是自己想要的愛情，更像是一種捆綁和束縛。

　　平平用一條資訊分了手，男生不同意，來挽留平平，但面對的卻是平平冷漠又異常理智的臉。男生很快畢業，再也沒有見面糾纏。許多人都覺得平平可能身在福中不知福，男生對她那麼好，怎麼還那麼絕情地分手。可是平平不管別人嘴裡的對與錯，面對這段感情，重獲自由對平平來說就是正確的。

　　平平的生活漸漸回到正軌，這讓平平有些享受單身的日子。看電影逛街聚會都不需要報備，也再沒有人強迫自己發朋友圈，終於不用被改造了，難道愛情真的需要每個人都回爐重造嗎？那自己是不是要單身一輩子……

　　可能是校園愛情總是分分合合難以長久，部門工作開會的時候，平平才知道原來錦昂在不久前也分了手，大家都在

調侃錦昂和平平，談戀愛連水逆都撐不過去。錦昂和平平倒是都禁得起調侃，乾脆也自黑了起來，喊著大家請吃飯，安慰兩顆失戀受傷的心，集體對抗水逆。

部門的工作越來越多，大家都有些忙不過來，而且大家還把許多事情都推給兩個單身的人，說他倆反正也沒事做，就好好用工作治癒失戀吧。

錦昂和平平被迫扛起了部門的大旗，也經常在一起商量方案，相處的時間越來越長。因為之前兩個人的相處就很默契，兩個人在相處中都很開心，界限也慢慢被打破。平平有些分不清這是愛情還是友情，之前卸下了防備，沒想到一不留神，錦昂就走進了自己心裡。

錦昂與自己的性格完全不一樣，但卻莫名的很合拍，彼此不太一樣的世界卻令兩個人的相處更加有趣。面對兩個人日益曖昧的言語，平平不敢再進一步，可也無法拒絕。

部門同事似乎看出了些苗頭，打趣道反正你們分手都約著一起分，乾脆配一對得了。錦昂一笑，回頭看看平平，一下攬過她的肩膀說：「我沒意見。」

平平不知道這是玩笑還是真話，在其他朋友面前，就當他是玩笑話，一把推開錦昂，說：「神經病，誰要跟你湊合。」

大家哄堂一笑，收拾收拾都打算走了。平平也準備去吃飯，錦昂也趕緊跟了上去，撞了一下平平肩膀說：「怎麼跟我在一起是湊合呢？」

平平說：「不是你先開玩笑的嘛？什麼叫配一對啊，又不是連連看，隨手一連還不就是湊合。」

「連連看那也是得連一樣的啊，隨便連怎麼能連得上啊。

而且我可沒開玩笑——」「喂喂喂，你到底想幹嘛？」

「想和妳在一起。」

平平有些發愣，低頭沒說話，繼續走。錦昂一會兒也跟了上來，拉住平平說：「我認真的。」

平平低著頭不敢看錦昂的眼睛，但是心裡樂開了花，忍不住嘴角上揚，一下就被錦昂發現了。

錦昂也樂了，自然地直接攬過平平的肩膀說：「沒拒絕就當妳答應了，說吧，想吃什麼，今天高興請女朋友吃飯。」

平平這次的愛情輕鬆又自在，雖然兩個人也會有各種矛盾，可沒有人要求對方為自己改變，彼此都在感情中成長，錦昂尊重平平的想法，也尊重彼此的不同，兩個人越來越合拍。

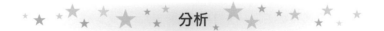

分析

博愛鬼馬型人，無法描述出自己到底想要什麼，他們心中沒有固定的標準，尋找愛情大多靠感覺，感覺對了就是對了，沒有什麼理由。

平平面對追求者的時候，沒有打分沒有權衡，看的只是有沒有來電。許多人做朋友可以，但一旦過線，平平不會給任何機會，以全部的理智對待，沒有餘地。

博愛鬼馬型人是多變的，可能對人時而熱情，時而冷淡，不用去追問什麼，因爲可能眞的沒什麼原因，只是當下不願理你罷了。

與他們做朋友是最好的距離，他們對待朋友最好，給予朋友支持鼓勵，卻從不願給朋友添麻煩，他們把最好的一面給了朋友。而內心的波瀾留給自己去消化。

平平在猶豫想要分手的時候，她不知道自己離開這段感情，下一段要怎麼開始，要找一個什麼樣的人。可是他很清楚地知道這種被束縛被改造的愛情不是自己要的，即使兩個人有快樂，即使自己曾經仰視過他，但平平更渴望內心的自由。

博愛鬼馬型人堅持追求自由，這種自由更多的是內在的，是她們的跳躍思維不被條框封死，他們好像屬於每一個群體，卻無法被哪個群體完全占有，就像抓不住的風。

博愛鬼馬型人找另一半需要心理上的共同空間，在一些關鍵的問題上達成共識。錦昂和平平的朋友圈和生活方式都不相同，但是內心有著一種默契，保持精神獨立，不強求。你就是你，我就是我，彼此相處會不自覺的因為對方而有所改變，可這與被要求改造完全不同。這是平平和錦昂長久走下去的基礎。

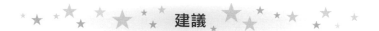

建議

博愛鬼馬型人在愛情中像是異類，好像總是與別人不太一樣，很容易被別人說「你應該」怎麼樣，而博愛鬼馬型人會對這樣的指導產生反叛心理。但其實有時候一些客觀的意見是可以參考的，即使不採納也可以多一種可能。

博愛鬼馬型人無法去控制別人說什麼，不妨保持平常心，求同存異，找到最適合自己的交往方式。

博愛鬼馬型人在愛情裡並不黏人，有時會讓對方感受不到被愛，雖然博愛鬼馬型人追求獨立自由，忽視了對方其實也是需要一些表達來獲得一份安全感。

作為博愛鬼馬型人的另一半，可能會看到他們的另一面，當他足夠信任你，你會發現他其實也有很多情緒，尤其是在晚上，那個白天帶著理智的盔甲無所不能的人，在晚上卻陷入思緒的漩渦裡，敏感又脆弱，需要內心的安全感。這時需要你給他一個大大地擁抱，告訴他你在身邊，他並不孤單。

貓頭鷹系人創意十足，在職場中充滿著無限的可能。童童是這樣的一個博愛鬼馬型人。

童童從小有很多愛好，但都泛泛地接觸了一些，沒有專注地學習，所以上了大學的她，什麼都會一些，雖然學得不精，可和周圍的同學比起來還算是文藝骨幹。童童大學的專業是純工科電腦，但是在這個濃濃的工科氛圍裡，卻發覺自己對藝術設計的興趣。起初只是看到校園中貼的海報，覺得很有設計感，後來才知道這是本校學生自己設計製作的，原來在理工的環境中發現設計樂趣的不止自己一個人。童童便找到了該部門的簡介，留意到招人的時候便把握機會跑去面試。

童童獨到的想法和積極的態度，使她順利地進入宣傳設計部門，在這裡他學習了基本的作圖和設計的軟體操作，還被推薦去蹭建築藝術學院的繪畫和設計相關課程。童童對這方面越來越感興趣，也把更多的時間花在了琢磨設計上，有時一個簡單的社團招新海報，童童也要絞盡腦汁想創意，把它做到最好。

每次看到自己做的海報被別人駐足觀看，心裡都小小地有些驕傲。起初，設計只是童童的一個愛好，但她希望自己以後的工作也能符合自己的興趣並帶來成就感。可是設計方

面雖然自己在學校裡還不錯，但要與其他專業藝術院校的學生相比，可就差遠了，一個學程式設計的拿什麼和畫畫那麼好的專業人士競爭呢？

　　童童在學習網站設計的時候，發現這是美工與代碼的結合，想要設計出好看的介面，就需要代碼的配合，而自己剛好可以朝這條路發展，這樣的跨界組合在設計與實現中搭起了橋樑，離自己的興趣更近，還能用到自己所學的東西，兩全其美。

　　有了這個想法之後，童童就更加目標明確，選修所有設計與前端的相關課程，加入學校的項目組為他們做一個懂代碼的美工。積累許多經驗之後，在畢業找工作時，順利地成為一名前端設計師，也因為代碼與美術設計技能的掌握，工作開展的十分順利。

　　她不喜歡做大公司的一枚小小螺絲釘，只做重複的工作，在各方面能力成熟時，她便跳槽到一家創業公司，一間小小的工作室，優質的團隊，雖然薪資沒有大公司穩定，但是不斷地挑戰與無限的空間，讓童童感到十分充實。

分析

博愛鬼馬型人總是有許多創意靈感，如果面對死板沉悶的工作內容和環境，他們會感到無趣，許多好的點子也會被扼殺。

這類人需要足夠的發展空間，不願意接受一眼看得到盡頭的生活。他們善於分析數據與市場，同時也善於把握時機創造機會。

就像童童雖然在想要學設計之初，發現了自己無法與從小學藝術的同學競爭，但是他巧妙地結合了自己本科專業的優勢，將藝術與技術相結合，找到了適合自己的道路。

博愛鬼馬型人對於金錢並不十分在乎，因此這類的藝術家，在浮躁的社會中更耐得住寂寞，只要能施展自己的才華，為自己未來意想不到的收穫打下基礎就好。

所以童童跳槽去了創業公司而不是規模大的公司，自己能做什麼和自己能賺多少之間，童童選擇了前者。

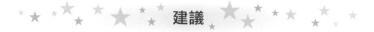

建議

博愛鬼馬型人適合創意設計有關的工作。他們思維活躍，總是有不俗的創意，很討厭被成規束縛住。

他們不適合保守型的體制企業工作，因為這種工作會把他們的敏銳度磨光。組織紀律嚴明的工作，比如上下班嚴格打卡，公司內部層級分明的工作會使博愛鬼馬型人變得黯淡，失去創造力。

工時和地點相對自由的工作，會使這類人發揮得更好。而且他們對人情世故並不拿手，即便他們身為旁觀者，可以看得比一般人透徹，但真正身處其中時，卻無法招架，辦公室政治會讓博愛鬼馬型人感到不適和鬱悶。

博愛鬼馬型人的星晴小事

打動博愛鬼馬型人的小事：
冷戰時他會主動破冰，給我臺階下，哪怕是我錯。
讓博愛鬼馬型人感到幸福的小事：
失而復得，丟了的錢包又找回來了。
讓博愛鬼馬型人死心的小事：
得不到理解，無法溝通。

〈神奇的動物系人格〉

浪漫夢幻型

★

海豚

成長篇

　　<u>海豚系寶寶想像力豐富，心思細膩。</u>就像浪漫夢幻型的小魚兒，是個很有藝術天分的小朋友，平時很喜歡畫畫。

　　小魚兒最近學會畫很多畫，有一天，小魚兒專心致志的畫了一天，畫了大房子、狗狗，還有小魚兒拉著爸爸媽媽的手，還塗上了鮮豔的顏色。

　　小魚兒高興的拿給媽媽看，說：「媽媽，我畫了全家福！」

　　媽媽接過畫開心的說：「小魚兒畫得越來越好了！比媽媽還厲害！」

　　小魚兒興奮地說：「等爸爸回來給爸爸看！」

　　到了晚上，拖著疲憊身子回來的爸爸，到家便倒在沙發上休息。

　　小魚兒拿著畫跑到爸爸身邊：「爸爸你看，我畫的全家福！」

　　爸爸接過小魚兒的畫看了看：「嗯，小魚兒畫得真好。然後摸了摸小魚兒的頭，便拿出電腦繼續處理工作。」

　　小魚兒有點失望，跑到媽媽身邊，抱著媽媽委屈地快哭了。

　　媽媽：「小魚兒怎麼了？」

　　小魚兒：「媽媽，爸爸看了我的畫怎麼不高興呢？是不是我畫得不好？爸爸不喜歡我了……」

媽媽：「才不是呢，小魚兒畫得很好啊，爸爸是累了，你看，爸爸工作好忙的，現在還在工作，等他有時間就會跟你玩了！」

小魚兒不做聲了，看起來還是不高興。

<u>小魚兒很敏感，有時甚至會過於敏感，讓自己傷心。</u>

媽媽趁小魚兒自己玩玩具的時候，來爸爸身邊和爸爸說明了剛才的事情，小魚兒爸爸感到很懊悔，讓小魚兒傷心了。

於是，小魚兒爸爸來到小魚兒身邊：「小魚兒，明天週末，爸爸帶你和媽媽出去玩吧，就像你畫的畫那樣，咱們拉著手。」

小魚兒聽到，眼睛都泛著光地看著爸爸：「真的！好哇好哇！太好了，明天出去玩！」

爸爸：「那小魚兒先自己玩，爸爸還要工作，明天陪你好不好？」

小魚兒開心了：「恩，爸爸去吧，我自己玩就好了。」

小魚兒還是個很善解人意的小朋友，總是為別人著想。

第二天早上，小魚兒睡醒了，跑到廚房，看媽媽正在做飯。

小魚兒：「爸爸呢？」

媽媽：「爸爸昨晚睡得好晚，還沒起來呢，小魚兒去洗臉吧，我去叫爸爸起床。」

小魚兒聽到這裡，伸出一根手指在嘴前：「噓！」小魚兒示意媽媽小點聲。

媽媽不解的問：「怎麼了？」

小魚兒望瞭望臥室裡的爸爸，說：「媽媽，爸爸累了，

讓他睡吧，我們不要叫他！」

　　媽媽：「那你不出去玩啦？」

　　小魚兒：「沒關係，我們可以晚一點再出去。」

　　看到小魚兒這麼貼心，媽媽很欣慰：「小魚兒真乖，那我們倆先吃飯吧。」

　　於是小魚兒和媽媽一起吃了早餐，然後一起等爸爸起床。

　　善良的小魚兒特別體貼，知道爸爸工作很辛苦，會安慰爸爸，也能理解爸爸的「失言」。

　　可是，小魚兒爸爸到了中午才睡醒。

　　爸爸起床看了下時間，已經很晚了，覺得很抱歉：「小魚兒，爸爸起來晚了……」

　　小魚兒像大人一樣摸了摸爸爸的頭：「沒關係，看你那麼辛苦的份兒上，原諒你了！」

　　說著，小魚兒還傻呼呼地笑了起來。

　　敏感的小魚兒總是能察覺到別人的情緒，哪怕只是一些細節。

　　小魚兒爸爸來到小魚兒媽媽面前，對小魚兒媽媽說：「早上怎麼沒叫我起來呢，我都睡過頭了！」

　　媽媽：「小魚兒要我別吵醒你呀。」

　　爸爸：「我都答應小魚兒帶你們出去玩，都起來晚了。」

　　小魚兒聽到爸爸媽媽的對話，急忙跑過來：「不要吵架！不要吵架！」

　　媽媽：「爸爸媽媽沒吵架，在聊天呢！」

　　小魚兒：「吵了！我都聽到了！」

　　爸爸抱起小魚兒：「好好，不吵，小魚兒說吧，沒能帶

你出去玩，爸爸怎麼補償你？」

　　小魚兒想了想：「給我和媽媽做頓好吃的吧！」

　　爸爸：「好，小事一樁。」

　　下午，爸爸媽媽和小魚兒來到家附近的超市買晚上做飯需要的食材。

　　小魚兒拉著爸爸媽媽的手：「你看，我們不是也一起出來逛超市了嗎？」

　　善良的小魚兒特別會安慰人，雖然沒能出去玩，但是和爸爸媽媽一起逛超市也很滿足，還不忘安慰爸爸。

　　回到家，小魚兒爸爸便開始準備晚飯，小魚兒也在廚房幫爸爸媽媽洗菜，一起準備了一桌子的豐盛菜餚，然後一家人開心地吃起了晚餐！

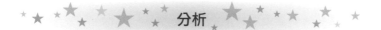

分析

　　浪漫夢幻型寶寶，內心十分細膩敏感，特別在乎身邊人的感受。他們有些早熟，很早就學會了察言觀色，可以從細節中獲得更多的資訊。就像小魚兒興沖沖地把畫拿給爸爸看，但是爸爸的態度讓小魚兒感到失落，即使爸爸在語言上表揚了他，但小魚兒還是感覺到了細微的不同。

　　這類寶寶喜歡幻想，尤其是女孩子們，對於公主夢十分嚮往，大多都喜歡芭比娃娃或迪士尼人物之類的。

　　他們的藝術氣質，從小時候就可見端倪。他們對藝術有著天生的興趣，善於發現生活中的美。豐富的創造力與想像力，可以幫助孩子更好的感知這個世界。

　　天生富有同情心的浪漫夢幻型寶寶，對動物也有著獨特的感情，因此，家裡養寵物會對他們的成長很有幫助。

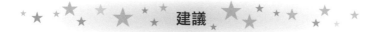

建議

　　浪漫夢幻型寶寶很敏感，他們可以敏銳地察覺到別人的情緒變化，但是有時過於敏感，可能會讓自己難過。

　　家長如果能夠及時與這類孩子溝通，就能安撫並緩解他們不安的情緒。這些孩子總能理解包容別人，因此若有了家長適當的鼓勵和稱讚，會幫助他們做得更好。

然而正因爲他們如此敏感，所以這類寶寶容易爲了避免憤怒的情緒出現，而過分壓抑自己。

家長需要讓他們知道，生氣是一種正常的情緒，要以平常心來對待、接受這種負面情緒，並且找適當的管道來排解，而不是一味地壓抑，從而失去了負面情緒的出口。

面對浪漫夢幻型寶寶的教育，家長可以參考以下方式：鼓勵孩子寫日記，記錄自己的心情，作爲情緒的抒發。此外，畫畫也是表達自己想法的一種方式，家長應多多鼓勵。

愛情篇

　　海豚系人對愛情十分憧憬，但是常常缺乏安全感，有些患得患失。於夢就是典型的浪漫夢幻型人。

　　於夢哭點極低，在愛情裡也一樣。對方表白太感動，哭，兩人吵架太激動，也哭，分手太難過，當然得哭。

　　她經歷了兩段深刻感情，一次三年，一次四年。

　　於夢是個長情的姑娘，特別容易被感動，大學時的男朋友是個文藝青年，文筆很好，還總給於夢寫浪漫的小詩，秀恩愛都秀的清新脫俗，男孩子還喜歡攝影，總帶著於夢去郊外，為他唯一的女主角拍好看的照片。兩個人相識於大學校園，因為同樣喜歡看話劇而熟悉，於夢因為偶然得到一張話劇票，觀看了一場熱門話劇，便對話劇產生了濃厚的興趣，可是周圍的朋友覺得總是看不懂，不如看電影，所以於夢經常一個人跑去看一些之前沒看過的劇碼，成為了劇院的常客。於夢總能碰到方子文，那時兩個人還不認識，但看著彼此都眼熟。本來像是兩條平行線，卻因一場大雨激盪出了火花。

　　那天於夢最喜歡的劇團來到她的城市，她好不容易搶到了一張票，當天外面下著小雨，於夢蹺掉一節晚課跑來看。

　　話劇十分精彩，於夢看的入神，走出劇院才發現外面雨下的好大，天也黑了，沒有提前預約根本叫不到車。

　　這時那個眼熟的方子文也走出了劇場，從於夢身邊走過，

遲疑了一下停下了腳步，回頭對於夢說：「我們是同一個學校的吧？覺得在學校見過妳。我提前叫車了，不然一起回學校吧，妳這樣乾等可能會回不去，雨越下越大了。」

「可以嗎？謝謝你。」

在回去的路上，於夢和方子文聊了許多有關戲劇的事情，兩個人有好多共同語言，許多觀點不謀而合。

快樂的時光過得飛快，很快就到了學校，但因時間太晚，車子無法進入校園，於夢和方子文只能步行回宿舍。

方子文所在的六舍剛好離大門口很近，但離於夢的一舍還有段距離，下大雨的夜晚總是冷清，方子文撐起傘，毫不猶豫地陪於夢走到宿舍，於夢嘴上說著不用了，其實心裡還是有些害怕自己一個人走回去的。好在方子文堅持要保證於夢安全，看著她上樓。這讓於夢感覺心頭暖暖的。

後來，方子文和於夢成了知音，經常約著一起看話劇，後來擴展到音樂會、演唱會，然後開始看電影、看煙花。在那次煙花最絢爛的時候，方子文小聲地在於夢耳邊說：「做我女朋友吧。」

即使身邊如此喧囂吵鬧，那輕聲的耳語於夢卻聽得清清楚楚，這一切都太浪漫了，像是小說裡的情節。於夢感動地要哭，轉身撲到方子文的懷裡。

方子文和於夢的愛情特別的文藝，甚至有時候讓身邊的人覺得甜得發膩。可是兩個人樂在其中，在自己浪漫的小世界中享受著各種小確幸。

方子文的文藝氣質濃烈，喜歡文字，不僅為於夢寫過小詩，還試著寫過歌詞，參加歌詞創作大賽。文人的氣質讓方

子文不太會吵架，兩個人鬧矛盾的時候，於夢蠻不講理特別生氣，就想摔東西，方子文也生氣，可卻什麼都說不出來，只是手叉著腰來回踱步，於夢的憤怒像打到海綿上的拳頭，得不到回應。

這讓於夢更加任性挑戰方子文的底線，她其實只是想讓方子文來哄哄自己，誰想到他什麼都不說，吵不痛快還不甘心。

經過時間的磨合，方子文漸漸把到了於夢的脈，對症下藥，只要能讓爭吵有個浪漫的收尾，於夢很快就忘掉兩個人當初為什麼吵了。

所以方子文開始花式哄於夢，反正每次都有用。

於夢也發現了，只要自己一哭，方子文准來抱抱，什麼事兒都沒有了。這段感情於夢特別放在心上，這就是她想要的愛情，浪漫又轟轟烈烈，她覺得彼此已經無可取代。

三年很快就過去了，又來到畢業的分岔口，兩個浪漫的人遇到了突如其來的現實問題，原來許多事情是浪漫無法解決的。方子文老家在南方，家裡人希望他離家近些，上海的機會也很多，希望他到上海發展發展，即使在上海紮不了根，家離上海那麼近，拚幾年再回家也是很好的選擇。而於夢的老家在北方，家裡人能接受她去的最遠的地方就是北京，而且她自己也更適應北方生活，希望在北京生活。都說畢業季是分手季，於夢偏不信，可是面對這樣的選擇題又不知如何是好，她無法做到為了方子文不顧一切跑到上海去，所以也無法要求方子文為了自己跑來北京。

兩個人折中說先投簡歷找工作，北京上海都找，錄取了

再來權衡。不久之後，方子文通過了一家文化公司的運營工作，那是他最想去的一家公司，可以接觸許多戲劇文化。

雖然北京也中了一家公司的編輯工作，但是沒有什麼資源優勢，前途渺茫。命運弄人，於夢通過了位於北京的一家公司，是自己喜歡的工作，這讓於夢根本無法放棄北京。

於夢和方子文決定各自去做自己最想做的事，共同克服遙遠的距離，爭取有轉到對方分公司的機會，相信事情會有轉機。可是兩人的情懷與誓言終究沒有打破異地戀的魔咒。曾經談天談地的兩個人沒有時間交流，下班後都很疲憊，卻無法見到對方互相取暖。所有的浪漫都失去了對象，於夢感到很失落，心裡有些埋怨方子文，為什麼不能遷就一下自己。

漸漸地，兩個人心裡的距離也越來越遠。終於平靜地分手了。雖然兩個人能都很難受，可如果在一起沒有更好，倒不如放手還比較痛快，好在沒有辦法見面，方子文看不到於夢的眼淚。

失去這段三年的感情，讓於夢感到有些絕望，她覺得自己無法喜歡上別人了，碰不到比方子文還了解自己的人了。

她確實無法遇到下一個不用對抗距離的方子文，可是她遇到了帶自己去更大世界的馮燦。

馮燦比於夢大五歲，同樣喜歡話劇喜歡藝術，可工作和生活分得很開，是於夢公司的同事。那時的於夢已經工作了一年，生活中已經沒有了方子文的痕跡，劇場也很少再去。馮燦對於夢一見鍾情，一次難得的機會便約於夢一起看話劇，剛好是和那場雨夜的劇碼相同。

散場後，於夢說：「好久沒看話劇了，真好，謝謝你。」

馮燦説：「每次累了，就找找哪個劇團會來，看完會舒暢很多。沒想到妳也喜歡。」

「這場戲其實我以前看過，時間過得真快。」

馮燦感覺到一些資訊，便説：「該看就看，有些珍貴的回憶不用刻意刪除，好好收藏就好。好啦，送妳回去吧。」

於夢覺得馮燦像是年長版的方子文，心裡想著當年大學時的馮燦是否也像方子文一樣浪漫有詩意，身邊是否也有一個「於夢」。

這份熟悉感，拉近了於夢和馮燦的距離，兩個人慢慢走在一起。馮燦也很浪漫，只是不高調，只要兩個人在一起，陪伴在彼此身邊，就會感到幸福。

於夢沒有忘記方子文，只是整理好與他的回憶，上了把鎖，開始了新的愛情長跑。這段戀情持續了四年，然後步入了婚姻的殿堂。

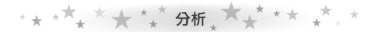

　　浪漫夢幻型人內心缺乏安全感，愛時很熱烈投入，不得不分開後，卻很難放下。他們會對感情投入許多精力和時間，在沒有愛情的日子裡，他們總會感到有點失落。

　　浪漫夢幻型人的感情需要誓言和承諾，這樣才能滿足他們的安全感。同時，他們喜歡表達出像自己的感情，愛就要讓對方知道。

　　在他們眼裡，愛情就應該是浪漫的。方子文的文藝氣質讓於夢感到特別的浪漫與幸福。雖然自己是個愛哭鬼，但有方子文的寵溺，便是最幸福的時光。然而，浪漫夢幻型人面對現實的打擊會十分受挫，他們雖然追求浪漫，但並不是完全的理想主義者。

　　許多人覺得浪漫夢幻型人愛幻想，逃避現實，其實並不是這樣。他們看現實看的很透徹。於夢和方子文在現實面前都猶豫了，方子文的不遷就，讓於夢失去勇氣，還是無法用浪漫打敗現實。

　　失戀讓於夢很痛苦，但是又沒有辦法，於夢只能自己默默療傷，直到一年後，遇到馮爍，馮爍的浪漫氣質是經過現實洗禮的，與學生時代的方子文不同，許多浪漫不需要外在的表面來展現，浪漫藏在生活的小細節中，而剛好於夢是那個能在細節之處發現美的人。

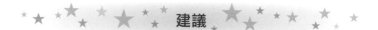

建議

　　浪漫夢幻型人非常專一，同時也相信誓言的力量，作爲這類人的另一半，要愼重給他們承諾，如果你給不起，就不要招惹他們。

　　與浪漫夢幻型人交往，細節十分重要，因爲他們會不自覺地注意到許多細微之處。所以他們之所以與你爆發爭吵或矛盾，引爆點其實並不是你以爲的那個，而是一些你從未注意到的細節。

　　浪漫夢幻型人沒有愛情是不行的，但只有愛情也是枉然。現實因素也十分重要，因爲他們認爲，脫離現實生活而存在的愛情，並不眞實也不長久。

　　許多時候，浪漫夢幻型人是處於漫無目的的狀態，像海豚一樣自由自在地在大海裡游來游去，但當不得不面對現實問題的時候，請告訴自己不要逃避，更不要麻痺自己，而是要學會在感情中保護自己。

事業篇

　　海豚系人在工作中看起來比較悠閒，認為事業也是生活的一部分，享受工作就是享受生活。美意就是一個浪漫夢幻型人。

　　浪漫夢幻型人的美意一直在尋找一份令自己可以感到幸福的工作。

　　主修工商管理的她，覺得自己生活太單調，需要一點情調，於是就跑去學了插花，可平時沒有機會展示自己的學習成果，她就跑去花店做兼職，幫助別人搭配捧花。美意的審美品味得到許多客人的賞識，每次設計的捧花都有些不一樣的元素，花店的老闆也對這個兼職的學生特別放心。

　　有一次店裡人手不夠，忙不過來，老闆就讓美意幫忙一起去一個婚禮現場布置花卉。這次的婚禮讓美意一下子找到了工作方向──婚禮策畫師。

　　每個女孩都嚮往一個浪漫的婚禮，美意也一樣，她看著美麗的新娘子在花海中走向幸福，自己激動到眼眶都濕潤了。雖然自己只是幫忙擺了擺花，可是也覺得這是一份對新人的祝福，發自內心的高興。如果美意是這場婚禮的策畫師，美意想想都要幸福死了，多有成就感呀！

　　有了目標的美意去找了各種婚慶公司的招聘資訊，打算先去公司實習，學習一些基本的東西。進入公司發現，這個

工作門檻不高，沒有什麼專業要求，但是做得好真的不容易，
每個人對婚禮都是苛刻的，因為婚禮辦一次就好，一定要完
美。

　　開始接待客戶的美意感到了任務的艱難，婚禮很多時候
是三方制衡，家長一個想法，新娘一個想法，新郎又一個想
法。可是客人自己的想法大多很零散，稱不上有什麼確切的
主題，而且很多時候，一些很小的細節，從一開始只是爭論
「好不好看」，到後來都會發展成「到底該聽誰」的問題上。

　　美意對細節十分敏感，基本上，與客戶談不到十分鐘，
就能判定這個新婚家庭的大概狀況，是男主人說了算，還是
新娘說了算，還是家長說了算。同時美意還能捕捉到許多其
他同事沒有發掘到的資訊，進而創造許多新的可能。

　　這份工作，使美意的生活也變得浪漫起來，而她也已經
在為自己未來的婚禮策畫方案了。

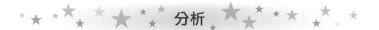

分析

　　豐富的創造性和想像力，會幫助浪漫夢幻型人在工作上獲得更優秀的成績。他們對於工作的要求，是要有享受生活的時間。對時間有嚴格限制的公司，會讓浪漫夢幻型人有些拘束，像魚缸中的魚撞到玻璃壁，感到受到限制的緊張。

　　美意從一開始就想要找一份可以天天幸福的工作，希望自己的事業中也能充滿浪漫的氣息。浪漫夢幻型人大多是慢性子，他們並不急著去完成什麼，而是更喜歡緩慢的節奏，適意的生活，競爭力太強的公司，會讓浪漫夢幻型人太快耗光自己的精力。

　　浪漫夢幻型人尤其在乎他人對自己的看法。有時別人只不過說了句無心的話，也會被他們在意很久。

　　有時浪漫夢幻型人無法控制這種敏感的特質，導致對他人的觀感太過在乎，很容易迷失方向，忘記了自己最初的樣子。

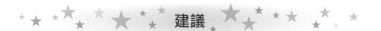

建議

　　浪漫夢幻型人在工作崗位上沒有什麼攻擊性，大多時候是人畜無害的形象，他們溫柔大方，在職場上也很好相處，也因為這樣，許多時候跟他們打感情牌是奏效的。

　　由於邏輯思維能力一般，對喧鬧嘈雜的工作環境也有些反感，因此在選擇工作時，這類人比較適合從事一些與文學、藝術相關的工作。

　　事業與愛情的取捨，對這類人來說也是很重要的課題。這類型人，有些為了愛情會願意拋棄工作，甚至犧牲自己的生活，也失去了自我的獨立性。此時應該及時調整自己的心態，摸索平衡的狀態。

　　要知道愛情並非萬能，人需要愛情，但同樣也需要麵包。

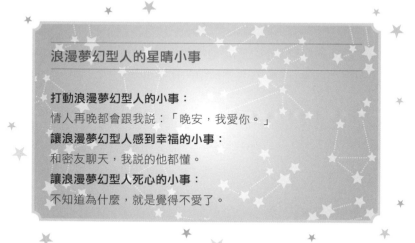

浪漫夢幻型人的星晴小事

打動浪漫夢幻型人的小事：
情人再晚都會跟我說：「晚安，我愛你。」
讓浪漫夢幻型人感到幸福的小事：
和密友聊天，我說的他都懂。
讓浪漫夢幻型人死心的小事：
不知道為什麼，就是覺得不愛了。

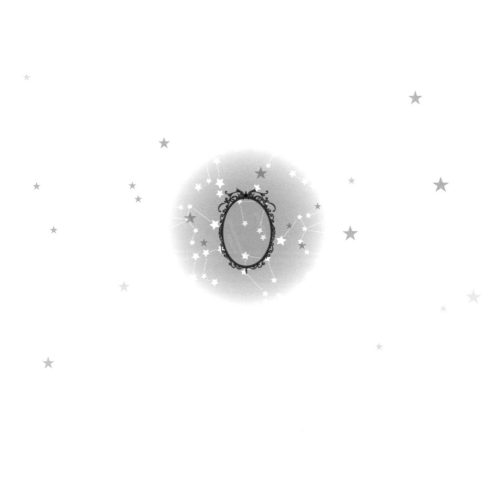

FUTURE 29

神奇的動物系人格 ——— 12種代表動物，揭開12種性格面貌

作者	愛莎公主（王莎莎）
插畫	ME預言家　于超越
責任編輯	韋孟岑
編輯協力	云春雨

版權	吳亭儀、翁靜如、黃淑敏
行銷業務	張媖茜、黃崇華
總編輯	何宜珍
總經理	彭之琬
發行人	何飛鵬
法律顧問	元禾法律事務所　王子文律師
出版	商周出版
	臺北市中山區民生東路二段141號9樓
	電話：(02) 2500-7008　傳真：(02) 2500-7759
	E-mail：bwp.service@cite.com.tw
發行	英屬蓋曼群島商家庭傳媒股份有限公司城邦分公司
	臺北市中山區民生東路二段141號2樓
	讀者服務專線：0800-020-299　24小時傳真服務：(02)2517-0999
	讀者服務信箱E-mail：cs@cite.com.tw
劃撥帳號	19833503
	戶名：英屬蓋曼群島商家庭傳媒股份有限公司城邦分公司
訂購服務	書虫股份有限公司客服專線：(02)2500-7718；2500-7719
	服務時間：週一至週五上午09:30-12:00；下午13:30-17:00
	24小時傳真專線：(02)2500-1990；2500-1991
	劃撥帳號：19863813　戶名：書虫股份有限公司
	E-mail：service@readingclub.com.tw
	城邦(香港)出版集團有限公司
香港發行所	香港灣仔駱克道193號超商業中心1樓
	電話：(852) 2508-6231傳真：(852) 2578-9337
馬新發行所	城邦（馬新）出版集團【Cité (M) Sdn. Bhd】
	41, Jalan Radin Anum, Bandar Baru Sri Petaling,57000 Kuala Lumpur, Malaysia.
	電話：(603)9057-8822　傳真：(603)9057-6622
商周出版部落格	http://bwp25007008.pixnet.net/blog
	行政院新聞局北市業字第913號
美術設計	Copy
印刷	卡樂彩色製版印刷有限公司
總經銷	聯合行銷股份有限公司　客服專線：0800-055-365
	電話：(02)2668-9005　傳真：(02)2668-9790

2018年（民107）05月31日初版

定價350元　著作權所有，翻印必究　ISBN 978-986-477-472-2　城邦讀書花園

國家圖書館出版品預行編目(CIP)資料

神奇的動物系人格 / 王莎莎著.　初版.臺北市：商周出版：家庭傳媒城邦分公司發行, 民107.06
272面；14.8*21公分　ISBN 978-986-477-472-2(平裝)　1. 心理測驗　2. 人格　179.6　107007868

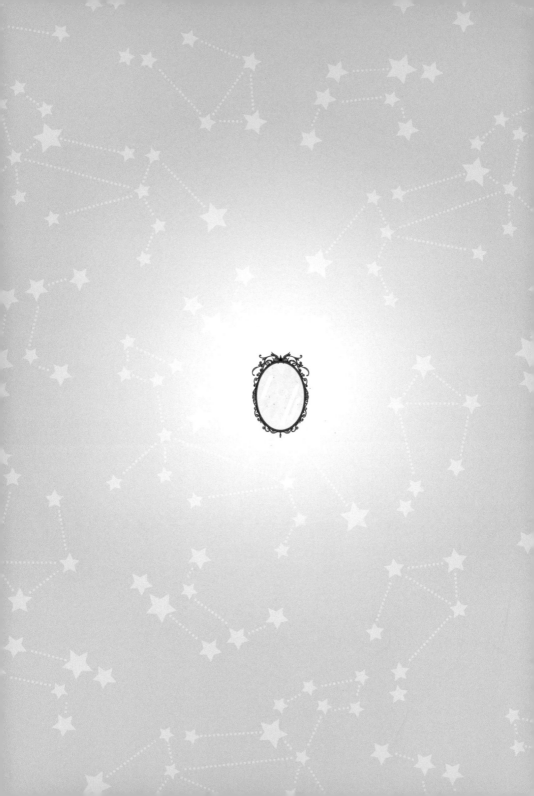